寄席の底ぢから

中村伸

三賢社

寄席の底ぢから

扉写真　新宿末廣亭にて（演者＝柳亭市馬、撮影＝武藤奈緒美）

装丁　西 俊章

寄席は皆さんが思っているより面白い

予定がない日に、ふらっと寄席に行く。

東京都内、あるいは東京の近郊に住んでいる人にとって、寄席というのは映画や野球観戦と同じくらいに身近な遊び場である。毎日、昼から夜までやっているので、何時までに行かなきゃいけない、何時まで見ていなければならないという時間の縛りさえない。昼に行ってもいいし、夜、仕事の帰りがけにちょっと立ち寄るくらいでもいい。

鈴本《すずもと》演芸場（上野）、新宿末廣亭、浅草演芸ホール、池袋演芸場――この四軒は寄席の中でも「定席《じょうせき》」と呼ばれ、落語を中心に、漫才や漫談、講談、紙切り、曲芸（太神楽《だいかぐら》曲芸）、奇術、独楽《こま》廻し、動物物まね、物売りの売り声、音曲《おんぎょく》（三味線と唄）なども出る。見に来た人が飽きないように番組が組み立てられているので、笑って過ごしているうちに、あっという間に三時間、四時間が過ぎている。

落語だけは苦手です勘弁してください、という人にはムリだが、たいていの人を楽しませるくらいの底ぢからが寄席にはある。

一方、落語マニアにしてみれば、寄席の落語は持ち時間が限られているので、多少は食い足りないと思うことがあるかもしれない。だが大衆娯楽なのだから、それでいいのだ。

限られた持ち時間の中で、おなじみのネタをどう料理してお客さんに聞かせるのか。寄席に出ている落語家は、そこに勝負をかけている。

漫才やコントもそうだ。当日のニュース、話題の出来事を早々とネタに盛り込み、笑いに変えて送り出す。一年三六五日ほぼ毎日開いている寄席は、芸人の瞬発力や応用力を鍛えるための恰好の舞台なのだ。ある意味、家でニュースを見るよりも面白い瞬間に出くわすことだって少なくはない。

そんな寄席の姿を見てもらいたいと思い、たまに仕事仲間や知人を誘うのだが、これがなかなか好評だ。落語も楽しいし、テレビではお目にかかれない芸人も出てきて面白かったという。場内飲食自由、場所によっては飲酒もＯＫというのも新鮮だったようだ。

実際、何にでも興味を示し、どこにでも遠慮なしにはいり込んでいるように見える人でも、意外なほどに寄席には来ていない。寄席がどこにあるのかもちゃんと知らなければ、何か特別な作法のようなものがあって、それを知らずに行くのが不安だという声も聞いた。

たしかに寄席小屋の前に立つと、幟《のぼり》が立っていたり寄席提灯がいくつもぶら下がっていて、それを見ただけで不慣れな人はやや気圧《けお》されるかもしれない。ずらりと書き出された芸人の中に知っている名でもあればいいが、知らない名が多ければ、それだけでも不安になる。

でも、そんな余計な心配をする必要はない。寄席は初心者をいつも歓迎しているのだ。

楽しい場所だと信じてはいれば、思わぬ掘り出し物のような芸人を見つけることもできる。ワッと笑って、気分よく帰ってもらうことを、誰もが大事にしている。

座席は今の映画館ほど立派ではないかもしれないが、少なくとも歌舞伎座の三階席よりは広い。トイレも男女別に分かれ、清潔に手入れされている。小屋によっては、昔ながらの畳敷きの桟敷席もあって、これもまた懐かしい。

しかも、このところの寄席は、すっかり世代交代が進んで、筆者が大学生や若手の社会人だったころと比べて自由度が増したというべきか、間口が広がり面白くなっている。客席にも活気がある。

たまに聞き慣れないことばも出てくるだろうが、それで落語の物語がわからなくなったり、漫才の面白味が減るようなことはほとんどない。ことによると、笑いの中から逆境を乗り越えるヒントや活力をもらえたり、生きる勇気が湧いてくるかもしれない。少なくとも仕事相手やご近所の皆さんと世間話をするときに役立つフレーズの一つや二つは、持ち帰ることができるだろう。

寄席の面白さは、あの場に一度でも居合わせたことがある人にしかわからない。そこにいる人たちと一緒に笑い、芸人を応援するというのは、実に気分がいい。正月の寄席中継などはあるが、テレビがどう切り取ったところで、実際に行ったことがない人にはその楽しさ、居心地の良さまでは伝わらない。あれは寄席に行ったことがある人が見るから面白いのだ。

当たり前の落語を聞き、おなじみの色物さんの芸を眺め、トリ（主任）の落語家が出てくるのを待つ。途中、何か心に残るようなネタや、知らなかった逸材（落語家にも色物さんにもいる）に出くわせば儲けもの。爆笑派、端正な芸、鋭利な社会時評、アナクロニズム……芸人それぞれの持ち味を生かしながら、ゆっくりのんびり、その日のピークに向かっていく。

寄席はたぶん、皆さんが思っているよりは面白い場所だ。その楽しみ方を知ってもらい、年に二度、三度と寄席に通ってほしい。そんな思いで書き始めたのが本書である。


内容を、かんたんに紹介しておこう。

寄席興行には長い歴史があり、こう始まってこう締めるという大まかな流れはあるのだが、そこはライブの場なので、ときに流れを逸脱するような出来事も起こる。たまたま出くわしたそんな例ばかりを集めたのが「一　寄席の事件簿」である。何が起こるかわからない寄席の楽しさを知ってもらえれば、それでいい。

続いて「二　寄席の楽しみ方」では、寄席興行の流れや見どころを紹介する。寄席演芸を支えるお囃子や寄席文字などについても触れておこう。落語の合間に漫才や紙切りや曲芸のような色物芸がはいる寄席を「色物席」と呼んでいて、上野、新宿、浅草、池袋にある寄席はすべてそうなのだが、なぜ古典を主とした落語の合間に、江戸・明治の文化や風俗とはまったく関係ないような漫才やコントがはいるのか、その意義も明らかにしていこうと思う。

落語が庶民の娯楽になって二二〇年、寄席ということばが生まれて、ざっと一七〇年ほど経つ。いい時代もあれば、逆風が吹いた時代もあった。「三　寄席の歴史」では、寄席がどのように生まれ、なぜ愛されたのか。戦後社会の中で、その寄席がなぜ軒数を減らし、特別な場に追いやられてしまったのかを中心に考えてみたい。

紆余曲折の末に残ったのが、都内の四軒の寄席である。「四　寄席のある街」では、その成り立ちとともに、寄席を育んできた街の歴史をたどってみた。その中には、江戸時代から演芸が根付いていたところもあれば、大正・昭和の時代になって栄えたところもある。なぜその街に寄席が息づいているのかも含めて探ってみたい。

寄席の役割は、じつは観客を楽しませることだけにあるのではない。芸人がそこで学び、修業をするための空間でもある。寄席が落語や色物芸の数々を支えてきたことも、忘れてはならない。そうしたことを、寄席の経営や運営に携わる方々、さらには寄席で修業をしてきた芸人に話を聞き、まとめたのが「五　寄席の底ぢから」だ。

なお、本書で主に取り上げるのは落語を中心にした「定席」と呼ばれる寄席である。そのため、どうしても落語についての記述が多くなりがちだが、漫才、漫談、講談、太神楽曲芸、奇術、紙切り、独楽廻し、音曲（三味線と唄）、物まね……といった色物芸の数々についても、できるだけ多くのことを記述したつもりだ。落語家と色物さんがほど良く交互に出演するからこそ、寄席は誰もが楽しめる場所になっているのだと筆者は思っている。

最後に、原稿を書くに当たって迷ったのが敬称である。一般的にいえば真打《しんうち》として高座に上がる落語家には「師匠」、色物の芸人には「先生」をつけるのがふつうだ。正直なところ、日ごろ敬愛する方々の高座名や芸名に敬称をつけないというのは、呼び捨てにしているようで申し訳ない気持でいっぱいなのだが、思い切って敬称を略させていただいた。というのも、さすがに「三遊亭圓朝師匠」や「初代三笑亭可楽師匠」とは書きにくいからである。伏してご了承願いたい。

「テケツ」と呼ばれるチケット窓口(新宿末廣亭)

もくじ

6月「寄席の日」の看板（池袋演芸場）

狛犬と大太鼓(鈴本演芸場)

「深夜寄席」の賑わい（新宿末廣亭）

新宿

寄席提灯と寄席文字がかもし出す独特の風景
戦後の焼け跡に建った寄席
林家三平が象徴する昭和三〇年代の輝きと明るさ
一〇〇人の通より五〇〇人の一般のお客さんが大事
じつは創業以来ずっと場内アルコール禁止
寄席の建物が新宿区の地域文化財の第一号に認定
関東大震災後に発展したターミナル街

浅草

元日の一番太鼓は朝八時半に鳴る
寄席オープンのきっかけは先のオリンピック
良い意味で「敷居の低い」寄席
再び浅草の街が変わる
芸人が気楽に歩く街

池袋

どこに座っても特等席
のどかな学生の街から巨大ターミナル街へ
街の変貌を見続けてきた寄席

正月初席の装い（浅草演芸ホール）

「落語定席」の看板（池袋演芸場）

一

寄席の事件簿

寄席は楽しい場所か？

「世の中にこれほど楽しい場所があるとは思わなかった」

昭和の中ごろに書かれた落語本には、よくこういうことばで寄席が紹介されている。桂文楽（八代目）、古今亭志ん生（五代目）、三遊亭金馬（三代目）、三遊亭圓歌（二代目）、林家正蔵（八代目、後の彦六）といった明治生まれのベテランたちが当たり前のように高座をつとめ、そこに柳亭痴楽《りゅうていちらく》（四代目）、林家三平（初代）、三遊亭歌奴（三代目圓歌）といった昭和の爆笑王が加わった時期の寄席には、たしかにそんな雰囲気があっただろう。当時の落語家は、プロ野球選手やプロレスラーにも匹敵する国民的スターだった。だからこそ一〇〇パーセントの自信を持って「世の中にこれほど楽しい場所が……」という一文が成立したのだ。

その時代と比べれば、今の寄席は、少し大人しくなっているのかもしれない。ただし、これは演劇、音楽、スポーツ、映画などの世界も同じ。娯楽が果てしなく広がる中で、誰もが知っているようなスターなど、どの分野にもわずかしかいない。

実際、一九八〇年代半ばから今世紀の初めにかけて、他の娯楽に押され、寄席や落語の人気は著しく低迷している。一〇代、二〇代の若者の間で落語が話題になることなど、ほとんどなかったのだ。そして、今の落語界をリードしている若手や中堅真打の多くが、この時代にわざわざ落語の世界に入門した奇特な人たちなのである。

そんな落語家たちの反骨心や努力の甲斐もあったのだろう。運も味方したのかもしれない。今や空前の落語ブームである。落語家の数は、若手や前座を含めれば東京だけで六〇〇人を超す。数多のスターが寄席の高座に上がっていた昭和三〇年代の一時期は、東京の落語家はせいぜい一〇〇人しかいなかったのだ。その五倍以上の数に増えた落語家、特に若手が落語だけでそれなりにメシが食えているというのだから、世の中変われば変わるものだ。

劇場や貸ホールでの落語会が増え、居酒屋、カフェ、ギャラリーなどでの落語会が各地で頻繁に開かれるようになり、落語に接する機会も広がった。東京の漫才にもスポットが当たっている。けれども、それで寄席の客数が何倍にも増えたわけでもない。ナマの落語や漫才に触れて好きになった人が、必ずしも寄席に来るわけではないのだ。むしろ、知らない芸人がたくさん出て公演時間も長いのが面倒で、わざわざ電車を乗り継いで都心にある寄席まで足を運ばないのだという。

好きな落語家や漫才コンビをたっぷり楽しめる劇場や小スペースでの会と、落語や漫才のほかに、さまざまな芸人も出てくる寄席とは、ある意味、別物だ。どちらがより魅力的なのかを論じても、答えは出ない。寄席には寄席の楽しみがあるのだ。

四時間から五時間のあいだ椅子に腰かけ、ときにたどたどしくて心配になるくらいの前座の落語から始まり、若手の元気のいい落語や漫才、さらには経験を積んだベテランの思いがけないクスグリ（ギャグ）技を体感する。その中にはスターもいれば、寄席ファン以外には知られていない隠し玉もある。合間には、コント、紙切りや曲芸などの演芸もはいる。だんだんと客席の空気が温まり、トリの高座でピークを迎えるという、あの寄席ならではの醍醐味を知ると、案外、病みつきになってしまうかもしれない。

これが嵩じると、発表された顔付け（出演者名）だけを見て、この人とこの人がいてトリがこの師匠ならば、こんな流れになって、こんなネタも出るだろうと、ほとんど競馬ファンに近い推理までしたくなってくる。

でもまあ、そんな余計なことは考えずに、ぼんやりと楽しみにいくのがいい。

寄席の仕組みや歴史などは後から述べるとして、まずは寄席がどのような場所なのかを紹介しておきたい。長年培った歴史があり、定番の流れというものができているので、破綻が起こることは稀《まれ》なのだが、それでもたまに事件は起こる。それもまた、寄席の楽しみなのである。

二〇一一年三月一四日、新宿末廣亭

この夜、筆者は家内とともに新宿末廣亭にいた。

お気づきの通り、ただの日ではない。強いていえばホワイト・デーなのだが、その晩はそれどころではなかった。

三日前の三月一一日金曜日の午後、三陸沖で発生した大地震と津波によって、東北から北関東沿岸の多くの町が被害を受け、住まいが消滅。大勢が亡くなった。さらに福島県双葉郡にある福島第一原子力発電所では、稼働していた一〜三号機の原子炉内が全電源喪失により冷却できず、政府が「原子力緊急事態宣言」を発令する。

東京も震度五の強い揺れに見舞われ、建物のいくつかが崩壊。数人の犠牲者まで出た。その後も強い余震が続き、ＪＲを中心に各所で公共交通機関がストップして、歩いて帰宅する人の列が未明まで続いた。

翌一二日、福島第一原子力発電所で水素爆発が起こり、混乱はますます深まる。あいかわらず強い余震は続いている。ニュースも政府発表も何一つ信用できない、そこが混乱の源だ。

やがて、電力がふだん通りに供給できないので地域単位に順番制で電力供給をストップする「輪番停電《りんばん》」と節電の要請が発表される。どうもいきなり地域ごとに停電するらしい。何が起こるかわからないというので、首都圏で予定されていた娯楽やスポーツイベントのほとんどが中止・延期になった。

そんな中で、築六〇余年、木造二階建ての新宿末廣亭が平常通りに営業していると知り、どうにも気になって出かけたのだ。

いい気なもんだと思うかもしれない。

言い訳になるが、家族や身内の安否を確認したとたん、テレビやインターネットで情報収集するのに疲れてしまった。考えても答えが出ないときには、頭を休ませるしかない。それには寄席が一番だと思った。

誰もがまじめに芸と向き合った夜

木戸銭払って中にはいってみたら、客は筆者を含めて一〇人足らず。寄席の符丁でいうところの「つばなれ」しない状態だった。

つばなれとは、二桁のこと。一つ、二つ、と数えていくと、九つまでは数字の後に「つ」が付く。一〇を超えると「つ」が付かないので、一桁の客しかいないことを「つばなれしない入り」という。

芸人も、さぞやりにくかったことだろう。

わざわざこんな晩に来る客の心理がわかりにくい。笑わせて帰せばいいのかどうかも微妙だ。一人で夜を過ごしたくなくて、ここに来たのかもしれないのだ。

それならば――と出した答えが、まじめに落語を語ること。余計なことは喋らずに、高座に上がったらすぐネタにはいる。しかも、ていねいに語る。

ネタ選びも絶妙だった。ちなみに、この夜の出演者と演目は次の通りだ。

落語　古今亭志《ここんていし》ん輔《すけ》　『岸柳島《がんりゅうじま》』
落語　鈴々舎馬桜《れいれいしゃばおう》　『ぞろぞろ』
俗曲　柳家小菊
落語　三升家小勝《みますやこかつ》　『長短』
落語　金原亭伯楽《きんげんていはくらく》　『漫談　陸前高田の思い出』
（仲入り＝休憩）
落語　吉原朝馬《よしわらちょうば》　『宮戸川』
曲芸　翁家勝丸《おきなやかつまる》
落語　柳亭左楽《りゅうていさらく》　『目薬』
落語　むかし家《や》今松《いままつ》　『のめる』

紙切り　林家正楽《しょうらく》
トリ　柳家さん喬　『三枚起請《きしょう》』

寄席や落語に詳しくない方には見慣れない名前ばかりかもしれないが、全体としてはベテラン揃いで人気のある芸人もいる。

この夜は都心の別のホールで名人会のような落語会が予定されていて、古今亭志ん輔や、トリの柳家さん喬は本来ならばそちらに出る予定だった。空いた出番には別の芸人がはいり（これを「代演」という。ほぼ同格のキャリアや人気のある芸人がつとめる。昼夜で出番を交換し調整することもある）、番組通りの顔ぶれが並ぶことはなかったはずだ。その名人会も他のホールでの会もすべてキャンセルになり、見事に印刷されたプログラム通りの番組になった。寄席でこういうことは滅多にない。

乱暴者の若侍が起こしかけた騒動を老練な御家人が丸く収める『岸柳島』、酒好きの神様の神通力に頼った不精な床屋が痛い目にあう『ぞろぞろ』、気の合わない親友同士のちぐはぐなやり取りを描いた『長短』、幼なじみの男女がふとした弾みで結ばれる『宮戸川』、字が読めない夫婦の慌てっぷりが可笑しいスラップスティックな『目薬』、酒飲みの騙し合いと意地の張り合いを描いた『のめる』など、寄席ではおなじみのネタが続く。いつもと違うのは、無理に笑わせようとはせず、初心に返って素直な演じ方をしていることだ。

これが乾いた心に沁みる。

紙切りの林家正楽が「何かご注文は？」とリクエストを求めても誰も何もいわないので、「帰宅難民」とヘンなものを頼んでみた。嫌な客だと思われたかもしれない。困ったような顔をしながら切り抜いたのは、携帯電話やペットボトルを持って夜の大通りを歩く人々の姿。たまたま見つけた途中の赤提灯で一杯飲んじゃったという感じの、明るさのある絵柄だった。作品をつくる間、楽屋の三味線が何か楽しそうな曲を弾いてくれたのだが、その曲が何だったか思い出せないのが残念だ。

主任のさん喬は『三枚起請』をたっぷり。仲のいい三人が、吉原にいる同じ女に惚れ、それぞれ極秘裏に「起請文《きしょうもん》」、つまり将来の約束をした手紙をもらっていたことがわかり、「ひでぇ女がいたもんだ」と仕返しに行く噺《はなし》。暴力はいけない、詫びだけ入れさせりゃいいんだと決まり、兄貴分が女を呼び出し、男たちへの思いを語らせる。身を守るために嘘八百を平気で並べ立てる女の前に、当人たちが姿を現すところが見どころなのだが、そこに嫌味を感じさせない演じ方だった。

手練れの演者が、こういうネタをていねいに演じるのだから、落語がとても新鮮に聞こえてくる。これが不思議なほど面白かった。微かだった笑い声が、ときが経つにつれて次第に大きくなり、気づけばふだんの寄席のように笑い、拍手で演者を讃えていた。

この日、寄席を出るときに、清掃をしているスタッフに「ありがとう」と小声で伝えた記憶がある。寄席に行って、こんなことをしたのも初めてだった。

なに語ったらいいのかわからなかったんですよ

この話には続きがある。

翌月、たまたま知人の店で古今亭志ん輔の著書『師匠は針　弟子は糸』の刊行記念トークライブがあり、なんだか身近な人のような気がして出かけてみたのだ。

志ん輔は、今は亡き名人・古今亭志ん朝の高弟で、若いころからテレビの子ども番組にレギュラー出演して売れてきた落語家。近年は若手の会を起ち上げ、神田に連雀亭《れんじやくてい》という小さなスペースを開いて勉強の場を提供し、自身も古典落語と室内楽とのコラボレーションに挑むなど、縦横無尽に活動している。

トークが終わって、ちょっとだけ話しかけることができたので、

「あの日、夫婦で末廣亭にいたんですよ」

と声をかけてみた。

まさか、という顔で驚き、独特の語り口で思ったことを聞かせてくれた。

「もうねえ、何をやったらいいんだかさっぱりわからなかったんですよ。いろんなことがありましたよね。そりゃ芸人ですから、そんなこともいいたい。でも余計なこと喋って、

誰かを不快にさせてもいけない。ほら、自分の会と違って、寄席ってそういう場所でしょ。そうなると、ぼくらはもう落語をするしかない。色物の芸人は、曲芸をしっかり見せたり、紙を切ったり、三味線を弾いてしっかり唄うしかない。自分たちができることをやるしかないよね、楽屋はそんな感じでしたよ。

ご覧になっててどうでしたか。えっ、気が和んだ……、そういってもらえると本当に嬉しいですよ。ああ、よかった」

あの夜だけでなく、そういう日がしばらく続いたのだろう。

志ん輔の胸の内に、寄席に閑古鳥が鳴き、目の前に客がいることのほうが奇跡的だったあの日々の記憶はまだ残っているのだろうか。

場内大合唱の夕べ ～二〇一一年九月、浅草

寄席の話をするのに、なぜあの震災のことから始めるのかといえば、それはもう、あまりにショッキングな出来事だったからとしかいいようがない。

落語や色物芸を楽しみながら、もしかするとこれが、東京で寄席演芸を楽しむ最後のチャンスになるかもしれないとさえ思った。

東京に住むことができず、地方に移り住んだとしても、恐らく落語は聞くことができる。

落語以外の芸だって、芸人が来てくれさえすれば見ることができる。最小限の道具さえあれば、たった一人で全国どこへでも芸を運ぶことができるというのが寄席芸人の強みだ。

しかし、プロの落語家と色物芸人が五組も一〇組も一か所に集まり芸を披露する場というのは、寄席のほかにはない。移り住んだ地方でそれを自前で企画したら、少なくとも二五〇〇円や三〇〇〇円の入場料で済むはずがない。

見たものを目に焼き付けておこう――今となっては大げさに聞こえるが、そんな気持で高座を見ていたのだ。

それまでも寄席には通っていたし、たとえば立川談志や立川志の輔、笑福亭鶴瓶《つるべ》などのスターが出る落語会にも行っていた。ただ、この日の新宿末廣亭は、客の少なさといい、どこか切羽詰まったような空気といい、筆者の知っている寄席や落語会とは別物だった。

実際、この日からしばらく、寄席の客の入りは薄かった。立ち見が出そうな顔ぶれの番組でも、当日、木戸銭を払えばすんなりと座ることができた。それでも七月、八月、震災や原発事故の影響がそれなりに収まるとともに、寄席での募金活動や、落語家の被災地支援の動きも活発になり、いくらか客席の明るさは増したような気がする。

それを実感したのが、九月下席《しもせき》の浅草演芸ホール。夜の部なのに一階はほぼ満席。客席の多くはお年寄りだ。

浅草は昼夜の入れ替えがないので、昼の部を見て、そのまま残っている人も多い。昼の部のトリ（古今亭菊之丞《きくのじょう》）でピークを迎えた余韻もあり、さすがに前座、二ツ目の高座は反応が薄い。

突然弾けたのが、アコーディオン漫談の近藤志げるの出番だ。「俺が連れてきたんだ」と立川談志が語っているのを、色川武大著『寄席放浪記』で読んだことがある。志げるの「志」は談志がつけたものかもしれない。

アコーディオンを弾きながら、歌のウンチクを語り、懐メロや童謡を歌う。談志が好きだった「赤い靴」「七つの子」あたりを歌うと、小さな声ではあったが、一緒に歌ったりハミングする声が聞こえてきた。「君の名は」では、それが大合唱に。ママさんコーラスのような声で、本気で歌っているお母さんもいる。このノリの良さは浅草ならではだろう。

次に出てきた川柳川柳《かわやなぎせんりゅう》は、ふだんは軍歌で綴る昭和戦争史とでも呼ぶべきネタ（『ガーコン』）を高座にかけている落語家だが、この大合唱の後にさすがにそれは難しいと見て、「懐メロの第二部といきましょうか」と、「高原列車は行く」や「長崎の鐘」などを歌い始めた。お母さんたちはまた大喜びで、手拍子やハミングで応える。やがて甲子園の高校野球の話題になり、パフィーの「これが私の生きる道」の歌詞をクサして終わるという定番の形に。

ベテラン二人が盛り上げた後、中堅の春風亭百栄《しゅんぷうていももえ》が困惑しながら出てきて、間をたっぷりとりながら同じ話を何度もするという痴呆をネタにした漫談。客席の大多数が身に覚えのあるネタで笑わせ、歌ったり声出したりしたい気分を鎮め、楽しい空気だけを後の演者につなげた。

何しろこの後に出てくるのは古典の本格派の桂南喬《かつらなんきょう》、柳家小満《こま》んというベテラン揃い。盛り上げた二人もすごいが、ザワついた雰囲気をほど良いところまで鎮めた百栄もすごい。寄席でなくてはありえない流れを楽しみながら、少しずつ世の中に平穏が戻ってきたような気配を感じた。

ところで近藤志げるさん、あれ以来見ていないし、落語協会の名簿にも名前がない。高齢だとは思うが、どうしているのだろう。

狂気をもった新真打 ～二〇一二年四月、新宿

毎年ある新真打の披露興行が、二〇一一年だけはなかった。例年ならば、前年の秋には新真打が発表され、春には特別興行が催されているはずだが、落語協会も落語芸術協会もこの年、真打昇進を見送っていた。たまたまだったのかもしれないが、結果的にはそれでよかったのだろう。身内ならともかく、誰かを祝ってる場合じゃないような春だった。

それに一区切りつけるつもりだったのだろう。落語協会は春風亭一之輔を大抜擢で昇進させ、珍しく一人真打として二〇一二年の春に披露興行を行った。

ちなみに秋には、これも大抜擢で古今亭志ん陽（朝太改め）、古今亭文菊（菊六改め）を昇進させ、披露興行を行っている。一方の落語芸術協会は、春に五人の新真打を誕生させ、秋には桂文治（一一代目、平治改め）の襲名披露興行を寄席で行い、新宿末廣亭周辺で「お練り」まで行っている。

その春風亭一之輔の披露興行は、三月下席の鈴本演芸場から始まったのだが、マスコミに注目され大いに世間の話題を集めた。四月上席《かみせき》の平日夜、新宿末廣亭に行ってみたのだが、夕方早めの時間帯で二階席が開くほどの大入り。番組も出演者も豪華だった。

落語　春風亭正朝《しょうちょう》『六尺棒』
落語　柳家さん喬『替わり目』
紙切り　林家正楽
落語　春風亭小朝『池田屋』
落語　三遊亭圓歌『圓歌の道標《みちしるべ》』
（仲入り）
真打披露口上
漫才　笑組《えぐみ》
落語　柳亭市馬《りゅうていいちば》『山号寺号《さんごうじごう》』

落語　春風亭一朝《いっちょう》　『芝居の喧嘩』
曲芸　鏡味《かがみ》仙三郎社中
トリ　春風亭一之輔　『初天神』

口上の席には、市馬、小朝、さん喬、一朝、圓歌が黒紋付姿で並ぶ。歌舞伎の口上と違って、誰かが真面目なことをいえば、誰かはクダけた話をするのがふつうだ。上野、新宿、浅草、池袋、国立演芸場と延べ五〇日間続いた披露興行。途中から口上の席が、ほぼ演芸大会になったと聞いたが、四月の新宿にはまだ緊張感もあった。

一之輔の師匠は一朝なのだが、その兄弟弟子、つまりは一門の叔父に当たる小朝のことばが耳に残る。

「この人には狂気があります。フリではない本物の狂気。そんな人がハートウォームな落語が得意な人を師匠に選び、弟子としてその落語を聞いているうちに、自分にはハートウォームは向かないと知ったのでしょう、落語がどんどん変わっていった。その二人の違いをお聞き比べください」

トリの高座に期待をもたせる、いい前口上だと感じた。

ところが、この日、師匠の一朝がかけたのは、歌舞伎小屋に喧嘩騒動が起こり、それがどんどん広がっていく『芝居の喧嘩』。ハートウォームな落語ではなく、ポンポンとテンポ良く聞かす十八番ネタ。トリの新真打はというと、すでに独特な形に仕上げてきた十八番の『初天神』をたっぷり。息子にせがまれて仕方なく買った凧を奪い取った父が「お父つぁんが、ゼニの取れる凧の揚げようを見せてやっから」と言いながら見せた凧揚げの仕草は、たしかにゼニの取れそうなもので、まさに師弟の競演。初めて聞いた人も、「いいじゃない、あの若いの」と思ったにちがいない。

さて、このすばらしい披露興行に、じつはちょっとした事件があった。口上の後に出てきた漫才の笑組のかずおが、なぜか洋服ではなく着物姿で出てきたのだ。ゆたかは、いつも通りの吊りズボンなので何かの趣向かと思ったら、どうも衣装を忘れたらしい。私服で出るわけにもいかないので、同じ体形の落語家が楽屋に置いていた着物を借りて高座に上がったという。緊張感みなぎる夜、この珍事はウケにウケた。

あの鶴瓶が寄席に出る！ ～二〇一二年五月、新宿

同じ年の五月、新宿末廣亭でのこと。

落語芸術協会では同時期、笑福亭鶴光《つるこ》の弟子の笑福亭里光《りこう》が真打に昇進。鶴光の兄弟弟子の笑福亭鶴瓶が、大阪から披露興行の応援に駆け付けるというので寄席に行ってみた。ゴールデンウィークとあって、この日も新宿は二階まで満員。それどころか、通路に立

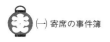

錐の余地もないくらいに立ち見客がいる。鶴瓶目当ての、ふだんは寄席になど来ないような若い人もいる。その会話を聞いてるだけで面白い。

「○○ちゃんは落語聞いたことある?」

「あるよ。寿限無みたいなやつでしょ」

「よく知ってるじゃん。オレ、寿限無全部言えるぜ」

「アタシも言える!」

あるカップルの会話。この初々しさがいい。

バランスとるために出演者を書いておこう。こちらもかなりの豪華メンバーである。

落語　春風亭柳好《りゅうこう》『壺算《つぼざん》』
歌謡漫談　東京ボーイズ
落語　笑福亭学光《がっこ》『夢八《ゆめはち》』(鶴光の一番弟子、大阪で活動する)
落語　三遊亭小遊三『あわて者(＝堀之内)』
(仲入り)
真打披露口上
落語　春風亭柳城《りゅうじょう》『のっぺらぼう』
落語　三遊亭遊雀《ゆうじゃく》『悋気《りんき》の独楽』

落語　笑福亭鶴瓶　『かんしゃく』
曲芸　ボンボンブラザース
トリ　笑福亭里光　『竹の水仙』

この年、芸術協会は五人を真打昇進させたが、この日はその中から春風亭柳城（師匠は春風亭柳好）と里光の昇進披露という形。柳城の師匠は当然のように出ているが、里光の師・鶴光は休席している。その一方で、わざわざ大阪から鶴瓶、学光が来ているというふしぎな状態。

口上の席での柳好が可笑しかった。

「鶴光師匠は今日、どうしても用事があって来られません。何か学校公演があったそうです。そんな鶴光師匠や鶴瓶師匠という大きな後ろ盾がある里光さんと比べ、うちの柳城には私しかありません。もう何もないようなものです。ひとえに皆様方だけが頼りです」

会場は爆笑。続いて鶴瓶の口上。

「五月一日は空けとけといわれて来たらこのザマや。小遊三師匠に『アイツ来ますよねえ』と聞いたら『さあ、来るんじゃない？』とか言ってたのに休演や。昇太も出てるというから安心してたら、アイツも来てない。もうワケわからん。コイツ（里光）のこと、ほとんど知らんのや。どないせえっちゅうねん。ホンマ、大丈夫なんスか、芸協！」

祝辞にもなってないのに、客席は大喜び。寄席の口上はこれでもギリギリ許容範囲なのだから面白い。

やがて苦虫を嚙みつぶしたような顔で再び高座に上がった鶴瓶は、自分や鶴光の師匠だった笑福亭松鶴《しょかく》（六代目）の思い出を語り出した。青のマジック持ってこいと命じられ、紺、青、群青のマジックを差し出すと、「アホ、これは青と違う！」と怒鳴られる。ほしかったのは緑のマジックだった。出かけるから靴を出せと言われ、よく履いている靴を何足か並べてみたら、何が気に入らないのかそれを全部蹴飛ばし、自分で下駄箱から靴を出して履く。毎日のように理不尽な目にあって嫌気がさし、兄弟子に泣きついたら、松鶴のクセをいろいろ教えてくれて、もう一度がんばってみろと励まされた。その通りにやってみたら、師匠の機嫌がよくなり叱られることも減ったというような噺。

知らない人には漫談に聞こえたかもしれないが、これは落語の『かんしゃく』というネタを、寄席の寸法に合わせて鶴瓶ならではの形に改作したものだ。きっと兄弟子の鶴光にも聞いてもらいたかったのだろう。

この怪演に客席は大喜び。

芸術協会が誇る太神楽曲芸のコンビ、ボンボンブラザースの繁二郎が紙のコヨリを鼻の上に立てた得意のバランス芸を披露し、そのままの形で高座を動き回り、客席にまで下りてくると、驚いたような歓声が上がる。

小屋全体が完全にフィーバーした中、トリとして寄席の高座に初めて上がる新真打の里光は、さぞやりにくかったにちがいない。落ち着いてしっかり任務をつとめたのはさすがでした。

深い時間に二ツ目が三人登場 〜二〇一二年一〇月、浅草

仲入り後のクイツキ(休憩後の最初の出番)に、成金《なりきん》やシブラクなど人気のある会でおなじみの二ツ目の落語家を上げるというのが、落語芸術協会の番組にはよくある。クイツキというのは、元気のいい若手がつとめることが多いので、若手真打から文句が出ないのであれば、二ツ目にはちょうどいい出番だ。

ちなみに二ツ目という身分は、寄席で前座の次、二番目に高座に上がる落語家という意味。十数人(組)出てくる寄席の番組の中で、二ツ目が高座に上がる機会はワンチャンスしかない。ところが今現在、落語協会には約六〇人、落語芸術協会にも五〇人近い二ツ目がいる。つまり通常なら、寄席に出る機会はほとんどないに等しい。

その二ツ目をクイツキどころか、深い時間に三人続けて出すという。恐らくトリの三遊亭遊雀による特別な計らいなのだろう。一〇月下席の夜の部、浅草演芸ホールでのことだ。

クイツキの桂宮治《みやじ》が高座に上がると、「おめでとう!」の掛け声が飛ぶ(「戸越銀座《とごしぎんざ》!」

というのもあった）。宮治はこの直前、ＮＨＫ新人演芸大賞落語部門の大賞をとったばかり。幇間《ほうかん》の一八《いっぱち》が若旦那の道楽につきあって腹に鍼《はり》を打たれる『幇間腹《たいこばら》』を、そのままの勢いで元気よく演じた。

途中で客席の携帯の呼び出し音が聞こえてくると、若旦那に会うのがイヤで妄想を広げる一八が、「ああ、異次元の音が聞こえてくる。もう帰って寝ようか」と、一八のキャラクターのままで受ける。この反応の良さが持ち味だ。

続いて、シュールな新作落語の演じ手である瀧川鯉八《たきがわこいはち》が登場。入門するときに師匠の瀧川鯉昇《りしょう》からギャンブルを禁じられた。「ギャンブルは客が勝てるようにはできていない。そもそもお前が落語家として人生を歩むこと自体がギャンブルではないか」と言われたという。それを引いて、

「落語がギャンブルだとすると、ぼくが落語をやって売れるはずがない。とすると、いま売れてる人たちは、どこかで不正を……」

と裏返すところが鯉八らしい。この人の面白さは聞いてもらわないとわからない。聞いて好きになるかどうかは、ギャンブルだ。

次に、三笑亭夢吉《さんしょうていゆめきち》が高座に上がる。二〇一五年五月に真打昇進し、その直前に亡くなった師匠の名を継ぎ、三笑亭夢丸《ゆめまる》（三代目）の名で現在は活躍している。寄席に出なくなった古い噺を再生して高座にかける、寄席の申し子のような存在だ。

この日の『徳ちゃん』もそう。若手落語家が怪しい風俗に潜り込んで酷い目にあうという、これでも古典落語のひとつ。洗ったこともないような長襦袢《ながじゅばん》を身に着けた身長一九二センチの女が、伸ばし放題にした髪の毛をグルグル巻いて、割り箸で留めている。もう、ホラーです。

鯉八は別にして、そんな元気のいい落語が出て盛り上がった会場を（客席もけっこう埋まっていた）、トリの遊雀が十八番の『紺屋高尾《こうやたかお》』でびしっと締めた。

小三治五〇分の長講 〜二〇一三年一月、新宿

正月の初席《はっせき》（一〜一〇日）、二ノ席（一一〜二〇日）は、寄席の顔見世興行だ。初席は落語協会が上野と浅草、落語芸術協会が新宿と池袋に出る。二ノ席の新宿は落語協会。

若手、中堅、ベテラン、人気者まで、すべての出演者がこの期間は入れ代わり立ち代わり高座に上がる。そのぶん持ち時間は少なく、おちおち落語を語っているヒマもない。何人かの選ばれた落語家だけが、七〜一〇分くらいに手短かにまとめた落語を演じる程度だ。

トリが柳家小三治だというので、新宿末廣亭の正月二ノ席には、夜の部なのに人が詰めかけ、木戸をくぐるといきなり二階に上げられる。座ったのは、こんなところにも席があるのかと思うような天井桟敷だった。

トリの会長（当時）の威光によるものなのか、この日の演者は短いながらも落語を演じ、ときにはオチまでつく。小噺や漫談だけで高座を下りる落語家がほとんどいないという、二ノ席にしては珍しい流れ。

トリの小三治が高座に上がったのが二〇時四〇分くらいだったので、短めの落語でハネる（終演）のだろうと思っていたのだが、「寒いですね」に始まったマクラがなかなか終わらない。ソビエト旅行の思い出話が終わるころには二一時を過ぎている。このまま漫談だけでハネるのかなと思ったら、

「静かにしろ」

のセリフで、『転宅《てんたく》』にはいった。

金持ちの妾宅に忍び込んだマヌケな泥棒。「あんな爺さんの妾でいるのがイヤなんだ。お前さん、明日迎えに来て、アタシと一緒に逃げておくれ」に騙され、翌日、その家を訪ねてみたら、何も盗まずに帰ったという泥棒騒ぎがすっかり近所の評判になり、当の女は旦那と一緒にすでに転宅（引っ越し）していたという噺。

そこからたっぷり三〇分、延べ五〇分の長講は、正月のプレゼントみたいなものだったのかもしれない。いうまでもないが、寄席で見る人間国宝はすてきなのだ。

寝ると死にますよ 〜二〇一三年一二月、名古屋

名古屋に大須《おおす》演芸場という寄席があった。

正しくいえば今もあるのだが、経営者が代わり番組も改まり、建物もリニューアルして、当時とはすっかり趣は変わっている。

何度も閉鎖の噂が流れ、二〇一三年のこの時期、家賃滞納のため、今度こそ本当に危ないらしいと聞いて、一度くらい通常興行を見ておこうと思って訪ねたのだが……これがすごかった。一二月の末、暮れもいい加減に押し詰まったころだ。

現役で今も活動している人が多いので実名は避けるが、開口一番が色物のシャンソン漫談。ネタで笑わせるでもなく、その割に長い。曲独楽《きょくごま》のお父さんは腕はたしかだが、客イジりが激しい。美人演歌のお姉さんは、ひたすら歌うだけ。

こうした色物芸の時間、いつ指名されて高座に上がらされるのか、いつイジられるのかと、客はびくびくして過ごす。絶対に芸人と視線を合わさないようにする。しかも、味方は手薄で一五人いたかどうか。聞けば、それでも多いほうらしい。

色物と交互に落語もはいるのだが、落語は聞いているだけでいい芸能だということに、この日、初めて気がついた。名古屋の落語家である雷門福三《かみなりもんふくぞう》の新作『東山線の想い』は、

名古屋の町を題材にした鉄道落語で、なかなか面白いのだ。

落語を聞いている間だけは、高座から芸人が下りてきたり、指名されて高座に立たされることもない。客にとって、ここでは落語だけが休憩時間、安息のひとときだ。

番組は二時間。落語三席＋色物三組のこのセットを二度繰り返して、夕方には一日の興行がハネる。

客席の椅子はすばらしいものだし、東京のどの寄席よりもゆったりしている。ところが真冬なのに暖房をかけていないのか、場内がひどく寒い。誰が言ったか、

「お客さん、退屈しても寝ないでくださいね。ここで寝ると死にますよ」

がひとつも洒落にならない。

寄席に行って寒くてくたびれたのは、これが初めてかもしれない。

問題は色物芸人の持ち時間の長さ。そうしないと出演者六人で二時間の番組がもたないのはわかるが、時間が余るから無駄に客を巻き込むことになる。

そもそも芸人の数が少ない。客がはいらなければ、芸人を増やせない。落語と色物があるだけでは寄席は成立しない。そこに芸に対する方針めいたものが必要になってくる。寄席経営の難しさが、旧大須演芸場の通常公演を見てよくわかった。

この翌日、大阪に出て天満天神繁昌亭《てんまてんじんはんじょうてい》で昼間の寄席興行を見たのだが、気を許して座っていられる寄席のありがたみを、つくづく感じた。

寄席の写メタイムは盛り上がる

寄席ではロビーなどを除き、許可のない劇場内での撮影や録音は一切許可していない。でも、たまに演者の許可が下りることがある。落語芸術協会の瀧川鯉《り》朝《ちょう》が企画する「ちょっぴりちがう寄席」というシリーズがそうだ。

若手中心の顔付け、上方落語のゲストを必ず呼ぶ、終演後にネタを貼り出し、出演者有志で客を見送る……若い人に寄席を身近に感じてもらおうと、大阪の寄席を参考にしながら次々に新機軸を打ち出した。

その中の目玉が「写メタイム」だ。仲入り休憩のときに緞帳《どんちょう》を開け、高座に落語家を座らせて、ポーズを変えながら写メを自由に撮らせる。

モデルはたいてい若手のイケメン落語家。筆者が見たのは、三笑亭《さんしょうてい》可《か》龍《りゅう》、柳亭《りゅうてい》小《こ》痴楽《ちらく》、大阪の桂三四郎など。これが盛り上がるのですよ。客席のほとんどが、携帯やデジカメでパチパチ写真を撮っている。その写真が、ツイッターやフェイスブックなどのＳＮＳに掲載される。

あれでどのくらい動員力が増すのかはわからないが、恐らく効果はあるだろう。

今や美術展でも一部作品だったり、どうかすると全作品の撮影・ＳＮＳへの掲載を許可する時代だ。インスタ映えがキーワードにもなっている。

鯉朝の取り組みが影響を与えたのか、寄席でも少しずつ撮影ＯＫの場が増えている。二〇一六年九月に落語協会の橘家文蔵《たちばなやぶんぞう》（三代目、文左衛門改め）が襲名披露公演をしたときには、毎日、終演後に楽屋に残った芸人が高座に出てきて写メタイムを行った。お囃子のお姉さんが出てきたり、私服に着替えたベテランの大看板が一升瓶抱えて出てきたり、この時間そのものをオマケのように楽しませたのが印象的だった。その写真がツイッターに毎夜のように上がり、今夜はどうだったのだろうと、それを見るのも楽しみだった。

落語芸術協会の桂文治は、自分がトリをとる番組の千秋楽（最後の日）に、写メタイムを設けている。仕事を終えて高座に出てくる芸人の楽しそうなこと。出番がなかった人まで来ていたりすると、ちょっとした人間関係まで垣間見ることができて面白い。

珍しい二度上がり ～二〇一五年三月、新宿

落語芸術協会の色物に、漫談の新山真理《にいやままり》という人がいる。元は漫才師だったが、相方の引退により一人で高座に上がるようになった。着物姿で出てきて、落語家のように座布団に座って語る。話す内容はたいてい、落語芸術協会の落語家のこと、楽屋の様子、出ている寄席のことである。

ある日の新宿末廣亭、この新山真理がいつものように楽屋の大師匠たちの姿を語り、「ここからが面白いのですが、つづく」で締めて高座を下りた。一人はさんで大ベテランの師匠の出番になったが、楽屋口がざわついて誰も出てこない。いい加減たってから現れたのは、あの真理だった。

「来るはずの師匠が来ないので、さっきの話をもうちょっと聞いてもらいます」

このことばを聞いて、場内大喝采。

別にその師匠が来なかったことを喜んだわけではない。珍しい二度上がりを見て大喜びしているのだから、今の寄席のお客さんも洒落はわかる。

座布団を裏返したりメクリを入れ替える前座が、なぜか苦笑していると思ったら、こういうことだったのか。

ちなみに出番を間違えたのか時間を間違えたのか、出るはずの時間に来なかった師匠は、夜の部のものすごく浅い時間に出て、照れることしきり。

「誰が来なかったの？ と聞いたら、テメエだってんだから困ったもんです」

に、また拍手。寄席って何が起きても面白いところです。

フリースタイル落語の夜 ～二〇一六年三月、新宿

この年の三月中席夜の部、林家彦いちが新宿末廣亭で初めて一〇日間のトリをとった。彦いちは、笑点でおなじみの林家木久扇《きくおう》の高弟で、「出来合いの噺をするより、自分の身に起きた出来事を語るほうが面白い」という師匠の哲学を実践する人。冒険小説作家とともに南米アマゾンやカナダのユーコンを旅したり、シルクロードやヒマラヤに出かけ、その体験をもとにしてつくった落語もある。ラーメンこそ売らないし、外見は師匠の柔らかさとは正反対だが、受け継いでいるところも多い。

この番組は独特で、仲入り休憩までは古典の本格派、それもベテランが高座をつとめるが、休憩はさんでガラリと雰囲気を変え、三遊亭白鳥《はくちょう》、柳家小ゑんなど、古典も新作も自在にこなす（かどうか不明な人もいるが）、落語フリースタイル派を並べた。彦いちもまさにその一人だ。

橘家文蔵の代演として、休憩後のクイツキで出てきた川柳川柳は、

「俺みたいなベテランが、こんな出番に出るなんてのは珍しいんだ」

とひと言カマしてから、いつもの甲子園の入場行進曲の噺、というよりは歌。

暑苦しくも見ていて楽しい三増紋之助《みますもんのすけ》の曲独楽をはさんで、新作派の白鳥がケニア人落

語家を主人公にした『新ランゴランゴ』というネタを披露。小ゑんも負けずに、語尾に「フィッ」をつけるのが常識になっている社会を描いた『フィッ』を出す。この落語の中で、フィッは喜怒哀楽のすべてを表わすことばなのだ。

こうした流れを受けて、トリの彦いちは、口から出たウソが原因でどこにも定住できない男を主人公にした『神々の唄』という新作。地元の神社の祭りに天使の歌声で有名なスーザン・ボイルを呼ぶと安請け合いし、嫁がその嘘の尻拭いをする。彦いちにしかつくれない面白いネタだ。

この話をしたら、まだ寄席で落語を見たことがないカフェ店員が早速出かけたらしい。すぐに「江戸の風が吹いてました」という感想が送られてきて驚いた。あの場に、そんな風だけは死んでも吹いてなかったと思うが、当人がそう感じたのならそれでいい。

珍客到来 ~二〇一六年四月、浅草

落語の途中で携帯の呼び出し音が鳴る、財布やバッグに付けた鈴がチリチリ鳴るというのは、寄席ではよくある話だ。客席に高齢者が多いせいだろう、場内放送でその旨注意があっても、わかっているのに呼び出し音をオフにし忘れていたり、急にバッグの中身が気になったりするらしい。中には酔ってイビキかいて寝る強者もいる。

雑音はないほうがいいには決まっているが、寄席のような娯楽の場でそれをあまり厳しくいうのも堅苦しい。本当に音を鳴らしちゃいけないような高座のときは、ふしぎなほどに客席も静まり返る。その日、そのときの芸人がかもし出す気配にもよるのだろう。人がコントロールできるものは、これで済む。ところがたまに、人の意思ではコントロールできない珍客が高座を妨げることがある。

多いのは虫。ハエが飛んできて、なぜか落語家の顔の周りを飛び回る。滑稽噺の途中ならば、登場人物のキャラクターに乗せて、

「お前がそういう下らないこと言うから、ほら見ろ、ハエが飛んできやがった！」

くらいのことをいえば、手で追い払っても噺は壊れない。

以前、公開収録したラジオの落語番組を聞いていたら、落語の途中で高座にゴキブリが出てきてしまったことがある。林家木久扇が昔の映画俳優の物まねをする『昭和芸人伝』というネタの途中だった。

この珍客、そのまま高座を横切ってくれたらそれでよかったのだが、間の悪いことに木久扇のすぐ脇でピタリと動きを止め、居座ってしまったらしい。落語を進めながら、たまに珍客の様子も伝えるのだが、観客はこのハプニングに大喜び。

「ゴキブリも帰らないので、これでおしまい」

みたいな、師匠ならではの臨機応変なオチでハネた。

本来ならば放送できないような素材だが、そのやりとりも含めて面白いと放送局側と木久扇が判断したのだろう。それがそのままオンエアされたのだからユニークだ。

もっとんでもないことも起こる。

浅草演芸ホールで落語を聞いていたら、トリの師匠が『愛宕山《あたごやま》』を演じ、噺の中でちょうど山登りをしているときに、袖《そで》からネズミが現れて上手から下手へ（右から左へ）高座を横切ったことがある。

観客の「キャーッ！」という悲鳴で気付いたのだが、あれは驚いた。しんみりした場面ではなく、ハメモノ（三味線や太鼓）がはいった動きの激しい場面だったのが幸いして、影響は小さかった。

その場面が一段落したところで、先に登っていた旦那に山の上から、

「おーい、大丈夫かー！　ネズミに鼻かじられてないかー！」

と呼びかけさせ、落語の世界に引き戻す機転でこの場は救われたが、当の師匠は、また出てきやしないかと、内心ビクビクしていたらしい。

ちなみに浅草演芸ホールではこの時期、同じような事件が頻発していたようで、この後、ネズミ除けの守り神としてネコのジロリを飼うようになった。夜は館内を見回り、昼間はくたびれてテケツ（入場券売り場）の脇で眠っていることが多い。ネコのジロリは、今や浅草演芸ホールきっての人気者でもある。

師匠、そのネタ出ています〜二〇一七年四月、池袋

落語芸術協会の寄席には、ひどく個性的な落語家が出る。古今亭寿輔《じゆすけ》と三遊亭笑遊《しょうゆう》だ。

笑遊は明るく陽気な爆笑派で、アドリブだか考え抜いたものなのかわからないフワフワした根問物《ねどいもの》をよく高座にかける。

根問というのは、「クジラは何であの名がついたんですか?」「それはな……」のような、ご隠居が熊さん八つぁんの問いに答えるだけの噺のこと。物の名、恋愛相談、商売の相談など、いろいろある。

笑遊の古典落語も、弾けたところがあってとても楽しい。ところが、たまに時間がないのに、その枠内で絶対に終わらないような大きなネタをやり始めることがある。

「この後が面白いのですが……、お時間です」

途中でブツリと切って、平気な顔で高座を下りてしまうのだ。こんなことをする落語家はほかにはいない。まさにフリースタイルの人なのだ。

寿輔もフリースタイルだ。青や緑や桃色や黄色のド派手な化繊の着物で高座に現れ、たいていはやる気なさそうにしている。満席だと不機嫌で、空席があると、

「このくらいがいいですよ。客席に品位がある」

と喜ぶ。そして主に客席のご婦人方に向けて、語り始める。

寿輔が池袋演芸場の高座に上がり、ちょっと前に出たばかりのネタを語り始めたときには驚いた。政府が専売公社をつくり、汁粉を売り出したらどうなるのかという『ぜんざい公社』という昭和の新作落語。

慌てて前座が高座に走り出て、「前に出ています」とでも言いながら楽屋のネタ帳を開いて見せる。たいていはここで、「そうかい」と言いながら別のネタに変えるものだが、このときはそうではなかった。

『ぜんざい公社』というネタの解説が始まったのだ。このクスグリ(ギャグ)は誰が考えた、このクスグリは自分がつくったものだ。そんな内容。もちろんウケるわけもないのだが、強烈な印象を残して高座を下りていった。

誰もマネすることはないだろうが、これはこれで寄席らしい。いや、池袋演芸場らしい。

何人殺すつもりか? ~二〇一七年七月、池袋

せっかくなので、池袋演芸場の別の日の話を。

学校が夏休みにはいったばかりの七月二六日、小さな客席は開演直後にほぼ満席になった。最前列には小学生や中学生もいる。目当てはテレビの落語番組でもおなじみ、トリの

柳家喬太郎なのだろう。

というわけで番組序盤は子どもにもわかるような落語が続く。移動動物園に入社してトラの毛皮をかぶる『動物園』、空き巣にはいられたことに乗じて家賃を負けさせようとする『花色木綿』、与太郎が新築の家を褒めにいって褒め損なう『牛ほめ』など、学校寄席などでも重宝されそうなネタのオンパレードだ。

最後までこのままいくのかと思ったら、途中で景色がガラリと変わった。その日の演者とネタの一部を書き出しておく。

落語　柳家甚語楼《じんごろう》　『花色木綿』
漫才　青空一風《いっぷう》・千風《せんぷう》
落語　金原亭馬遊《ばゆう》　『牛ほめ』
講談　宝井《たからい》琴調《きんちょう》　『清水次郎長伝　大瀬半五郎』
（仲入り）
落語　三遊亭天どん　『怪談牡丹灯籠《ぼたんどうろう》　お札はがし・序』
落語　三遊亭歌武蔵《うたむさし》　『猫の皿』
奇術　伊藤夢葉《むよう》
トリ　柳家喬太郎　『怪談牡丹灯籠　お札はがし～栗橋宿』

出だしは講談の宝井琴調だ。落語協会の寄席には宝井琴柳《きんりゅう》、宝井琴調、神田茜《あかね》の三人の講談も出ていて、茜は主に新作講談、琴柳と琴調は世話物（侠客《きょうかく》伝、浪人・町人物など）を中心に聞かせている。

琴調が語り始めたのは、兄の死の手引きをしたと疑う遊女を、寝起きを襲ってくびり殺し、末期の遊女の口から真相を知ると、実際に手引きをしたこの家の遣手婆《やりてばば》の寝起きを襲い、煮え湯を飲ませたあげくに刺し殺すという、凄惨な場面が続く『大瀬半五郎』の物語。主人公はやがて次郎長の子分になる、その前史のような侠客物なのだが、登場人物に寄席らしい愛嬌があり、これがとてもよかった。

意外な展開に、休憩時間のあいだに子どもを連れ帰る親もいるんじゃないかと思ったら、全員が後半も残っている。

クイツキの天どんは、「独演会でこのネタかけるので、そのおさらいを」と言い訳しながら、名人・三遊亭圓朝作の怪談のあらすじを語る。恋煩いで命を落としたお露《つゆ》は幽霊になり、夜な夜な恋い焦がれた新三郎を訪ねてくる。そこに至った経緯や背景を解説しながらあらすじを語るのだが、ここでもお露が非業の死を遂げている。

歌武蔵は、相撲から落語に転じた人でもあり、「アタシは幽霊とかきれいな女性が出てくるような噺はしちゃいけないタイプなので」と、のどかな滑稽噺へ。この奇妙な流れはここで止まったかと思ったら、そうではなかった。

トリの喬太郎、マクラも振らずに先ほどの怪談の続きを語り始めたのだ。

新三郎の身の周りの世話をして暮らしていた伴蔵《ともぞう》・お峰夫婦が、金の力に負けて死霊除《よ》けのお札をはがし、それが元で新三郎は死ぬ。伴蔵・お峰はその金を持って栗橋で荒物屋（雑貨屋）を開く。過去の悪事を忘れて栗橋での暮らしを楽しみたい伴蔵は、昔を知っているお峰が煩わしい。そこで、夜の闇にまぎれて口封じの殺害。

噺はここで終わったが、この日だけで何人の登場人物が殺されただろう。寄席で、ここまで連続して凄惨なネタを重ねるのは珍しい。どの時点でそう決めたのかはわからないが、何か楽屋で相談事もあったにちがいない。

この日が「幽霊の日」だったとわかったのは、後のこと。文政八年（一八二五）七月二六日、江戸の中村座で鶴屋南北作『東海道四谷怪談』の芝居が封切られた日だという。恐らくそれを知って、急遽あの流れを組み立てたのだろう。

ちなみに小学生や中学生は、最後までこの番組を楽しんで帰っていった。夏休みのいい思い出になったかどうかは知らないが、強烈なインパクトはあったことだろう。

破綻がないのが寄席

以上、筆者が見聞した寄席の事件や珍事をピックアップしてまとめてみた。ああ、面白いところなのだなあと思ってもらえれば、それだけでいい。

断わっておくが、今の寄席には、ここに書いたような珍事や破綻はほとんどない。もちろん、台風の日も強風の日も大雪の日にもやっているので、何があっても不思議はないのはたしかなのだが、それでも結局は何とかなってしまうのが寄席興行の面白さだ。

さらにいえば、今の寄席の形式というものは、長い歴史の産物である。自分がどういう出番のときには、どのようなネタを出せばいいのか、番組を見ただけで察しがつく。その日、そのときの役割をきちんと演じれば、寄席の番組に破綻が起こることは少ない。

では、その寄席の番組はどのように組まれているのか、そんな寄席をどのように楽しめばいいのか、それを次章で解説する。

二

寄席の楽しみ方

都内には四軒の「定席」がある

東京には「定席《じようせき》」と呼ばれる寄席が四軒ある。鈴本《すずもと》演芸場（上野）、新宿末廣亭、浅草演芸ホール、池袋演芸場だ。

最も歴史があるのは上野にある鈴本演芸場で、創業は江戸時代後期の安政のころ。ペリーが軍艦を率いて浦賀に来航した時代にできた軍談席（講談の寄席）「本牧亭《ほんもくてい》」が始まりだ。明治時代にはいって「鈴本」に名を変え、落語の寄席となった。関東大震災、東京大空襲で焼失したが、その都度すぐに再建。戦前、戦中にかけて講談や浪曲に押され、不遇をかこった落語界を支えてきた。鉄筋コンクリートのビルになったのは昭和四六年（一九七一）のこと。昭和五九年（一九八四）の秋、いろいろあって落語芸術協会と絶縁し、現在は落語協会に所属する芸人だけが出演している。

昼夜の入れ替えあり。いつ行っても、たっぷりと演芸を味わうことができる寄席だ。終演は二〇時四〇分くらい。

次に古いのは新宿三丁目にある新宿末廣亭で、こちらは昭和二一年（一九四六）の創業。戦災で焼失した寄席「末広亭」の権利を買い取り、戦後、新たに創業した。木造の建物も当時のままで、後に二階席を増築し、小屋の前に立つだけで、かつての寄席の風情が感じられる。館内の多くは椅子席だが、一階席の両脇、さらに二階席には座布団に座って見る桟敷席もある。小ぶりに見えて三二五席はあるようだ。

昼夜の入れ替えはなく、木戸銭を払って中にはいれば昼の開演から夜の終演まで番組を楽しむことができる（これを「流し込み」という）。落語協会、落語芸術協会が一〇日ごとに交互に出演し、持ち時間はやや短め。そのぶん多くの芸人が出てくるので、気楽に過ごせる寄席だと思っていい。終演は二一時。毎週土曜日には、二一時三〇分開演の深夜寄席もある。

池袋の繁華街にある池袋演芸場の創業は昭和二六年（一九五一）。何度かの建て替えの後、映画館の三階にある畳敷きの寄席だった時代が長かったが、平成五年（一九九三）に鉄筋コンクリートのビルが完成し、地下一階に九二席の椅子を並べた現在の形に。音響も良く、マイクやスピーカーを使わずに芸人の肉声を楽しむことができる。

毎月一～一〇日、一一～二〇日は、落語協会と落語芸術協会が交互に番組を組む。この間は昼夜の入れ替えがない「流し込み」。二一日～月末は、昼の部が落語協会の寄席、夜の部は日替わりの特別興行となり、昼夜の入れ替えがある。

席数が限られていることもあって、芸人の数を絞り、持ち時間も長め。たっぷりと落語や色物芸を楽しむことができる。珍しいネタを見たいなら池袋へ、というファンも多い。終演は二〇時三〇分くらい。

昔からあったように見えて、じつは最も新しいのが浅草演芸ホールで、こちらの創業は昭和三九年（一九六四）。東京オリンピックのころ、ビルの一階と四階にあった劇場の一つを閉じ、落語の寄席にしたのが始まりだ。

当初は四階が寄席で、一階が東洋劇場というレビュー小屋だったが、落語人気の高まりを見て一階の大劇場を寄席にした。すべて椅子席で、二階席まで含めると全部で三四〇席。ちなみに二階席の上手側（高座に向かって右側）にカーペットを敷いた桟敷のようなものがあるが、そこは元々、レビュー小屋時代に楽士がいた楽団席だったようだ（現在は立入り禁止）。

新宿と同様、落語協会、落語芸術協会が一〇日ごとに交互に番組を組む。昼夜入れ替えなしの「流し込み」。持ち時間は短めで、そのぶん多くの芸人の顔を見ることができる。一二月三一日の大晦日まで、文字通り年中無休でやっているのは都内の寄席でもここだけだ。終演は二一時ごろ。夜遅く、店じまいしてから駆け付ける近所の商店主もいるというくらいに、地元にも密着している。

ちなみに当初、演芸ホールだった四階は、今は「東洋館」の名称で漫才などの寄席になっていて、落語の寄席でおなじみのナイツやロケット団などは、こちらにも出演している。

そのほかの寄席

さて、「定席」ということばは元来、演芸などを見せる常設の小屋すべてを指すものだが、東京の落語界や演芸の世界では、前述の四軒だけを定席と呼ぶことになっている。広義の定席ということばからいえば、ほかにも寄席はある。

三宅坂の国立劇場に隣接した国立演芸場もそうだ。

昭和五四年（一九七九）に開場したこちらは、文部科学省所管の独立行政法人、日本芸術文化振興会が運営する寄席。毎月一～一〇日、一一～二〇日は、落語協会と落語芸術協会が交互に興行する。ただし正月やゴールデンウィークなどには、他の演芸団体も加わって特別興行が組まれる。

寄席興行については、一人ひとりの持ち時間をたっぷりとって、落語や演芸をじっくり見せるのが特長。「鹿芝居《しかしばい》」と呼ばれる落語家による歌舞伎芝居もあり、前半は寄席、休憩をはさんで後半に芝居というスタイルで、毎年披露されている。

寄席は基本的に昼の部だけで、夜は貸席として、落語、講談、邦楽の会などが開催されている。二一日～月末までは、自主公演や貸席になる。

御徒町《おかちまち》にあるお江戸上野広小路亭は、毎月一～一五日までの昼席は落語芸術協会の寄席になる。夜やその他の日は貸席となり、落語立川流、講談協会、日本講談協会、義太夫協会などが毎月定例で寄席や演奏会を催している。

ビルの三階が寄席になっていて、客席は座椅子付きの桟敷席と椅子席。鈴本演芸場と近いので、ひょっとしたら間違えてはいった人もいるかもしれない。

日本橋にあるお江戸日本橋亭は、基本的には昼も夜も貸席として興行する寄席。ここも客席には桟敷席と椅子席がある。独演会や企画物の会が催されることが多いが、落語芸術協会、落語立川流、講談協会などによる毎月定例の会もある。

両国にあるお江戸両国亭では、毎月一～一五日にかけての夜、五代目円楽一門会が寄席興行を行っている。先代の三遊亭圓楽がかつて近くに（といっても江東区の東陽町だが）若竹《わかたけ》という寄席を個人で建てたことがある。四年余の短命に終わったのだが、両国での寄席興行はその名残りともいえよう。他の日、他の時間帯は貸席として営業している。

神田にある神田連雀亭《れんじやくてい》でも、若手二ツ目の落語家、講談師による寄席興行がある。ランチタイムは五〇〇円ではいれるワンコイン寄席、一三時三〇分から日替わりの昼席、夜は一九時からの夜席で、こちらも日替わり。

ビルの中の四〇人もはいればいっぱいになる小屋なので、演者との距離がとても近い。ワンコイン寄席はもちろん、昼席、夜席とも木戸銭は一〇〇〇円で、あらゆる意味で気楽だ。夜は貸席になることもある。

東京都内ではないが、横浜にぎわい座も演芸ファンにはおなじみのホールで、こちらは横浜市芸術文化振興財団が運営している。毎月、月初めの七日間は、昼に落語協会と落語芸術協会が合同で「横浜にぎわい寄席」と銘打ち、寄席公演を行っている。その他の日や時間帯は貸席として、落語、講談、漫才などの会が催されている。客席数三九一席の立派なホールで、地下に「のげシャーレ」と呼ばれる小ホールもあり、こちらも演芸とは縁が深い。

落語ではないが、ほかにも寄席と呼ぶべき小屋がある。

浅草の浅草寺に近い木馬亭《もくばてい》は、毎月一~七日の昼が浪曲の寄席。都内で決まって浪曲を見ることができるのはここしかない。さらに毎月八日間、「お笑い浅草21世紀」という劇団による喜劇の連続興行がある。前半が漫才や漫談や寸劇、後半に喜劇というスタイルで、浅草喜劇の伝統を今に伝えている。その他の日や時間帯は貸席だ。

前述したが、浅草演芸ホールの三階にある東洋館は、一~一九日が漫才協会の興行。二一日~月末まではピン芸人を中心にした東京演芸協会、音楽漫談を中心にしたボーイズバラエティ協会の興行。一〇日、二〇日、三〇日は特別興行を行っている。

漫才やコントが出ている小屋としてはほかに、吉本興業のルミネ・the・よしもと（新宿）や、松竹芸能の新宿角座《かどざ》などがある。

定席はすべて「色物席」である

このように都内にはさまざまな寄席があるが、この本では「定席」と呼ばれる鈴本演芸場、新宿末廣亭、浅草演芸ホール、池袋演芸場の四軒に絞って話を進めることにしよう。

ちなみに「寄席」ということばを英訳すると、ヴォードヴィル・シアター、バラエティー・シアターだという。

落語のほかに、紙切り、漫才などの、さまざまな芸の持ち主が出演して客を楽しませるという意味では、この訳でいいような気もするが、「定席」に慣れ親しんだ感覚からするとちょっと違う。

この四つの寄席に共通するのは、次の五点だ。

一、上席《かみせき》（一日～一〇日）、中席《なかせき》（一一日～二〇日）、下席《しもせき》（二一日～三〇日）と、一〇日刻みで演者や顔ぶれが変わる。

二、基本的に年中無休で、昼も夜も興行している。

三、落語を中心にした寄席で、合間に漫才、太神楽《だいかぐら》曲芸、マジック、音曲《おんぎょく》（三味線と唄）、紙切りなど落語以外の芸がはいる。

四、団体予約を除いて基本的に前売りはなく、営業時間内ならば当日ふらりと、いつでもはいることができる。

五、客席での飲食自由。中に売店もある。

特に「三」が重要で、定席では落語の比率が高い。だいたい落語二席に対して、落語以外の芸が一席(組)。たとえば四時間のあいだに一四人(組)が出演する寄席ならば、落語九人、落語以外が五人(組)という構成になる。あくまでも落語の合間に、目先を変えるために落語以外の芸人を入れるという発想だ。

落語を中心にして、曲芸や独楽廻し、紙切り、漫才などの諸芸を入れ込み、こういう流れで見せる寄席を「色物席」とか「落語色物席」と呼ぶ。

色物とか、色物芸人ということばに、芸人を差別したり見下す意図はない。

寄席では、劇場の外にその日の出演者一覧を書き出したり、名前を書いた板を掲示するのだが(これを「マネキ」や「看板」と呼ぶ)、そこには落語家の名を墨色で書き、それ以外の芸人の名やコンビ名を色文字(たいていは朱文字)で書くのが習わしになっている。見た目が華やかだし、メリハリがあるので芸人やコンビ名が読み取りやすい。

そこから「色物」ということばが生まれたのだ。

寄席の番組は意外にうまくできている

木戸銭を支払って小屋にはいると、その日に出る芸人名と何をやるのかが書かれたプログラムが配られる。出てくる芸人の顔ぶれや順序は公演ごとに違うが、番組の流れは大雑把にいえばこんなイメージだ。あくまでも一例として、ご覧になっていただきたい。

一、落語（前座）――開口一番（「サラ口」とも）
二、落語（二ツ目）（開演）
三、色物（漫才、コントなど）
四、落語
五、落語
六、色物（マジックなど）
七、落語
八、落語
九、色物（紙切り、曲独楽など）

一〇、落語　——仲入り
（仲入り＝休憩）
一一、落語　——クイツキ
一二、色物（漫才、コントなど）
一三、落語
一四、落語　——ヒザ前
一五、色物（太神楽曲芸、音曲、紙切りなど）　——ヒザ替わり
一六、落語　——トリ

小屋によって、もっと大勢出すところもあるし、もっと出演者の数を絞っているところもある。一つの番組は四～五時間なので、出演者が増えれば一人ひとりの持ち時間が減り、出演者数を絞れば持ち時間は増える。

席亭（寄席のオーナー）の裁量や経験や好み、あるいは立地や客席数を勘案して、寄席ごとに番組づくりのパターンは決まっている。上野と池袋はたっぷり聞ける、新宿と浅草は大勢出てきて賑やか。そんな住み分けだ。

一の落語は、建前上は開演前に始まって、開演時間までに終わる。たとえば昼の部一二時開演とあれば、一の落語が始まるのは一一時五〇分くらいからで、持ち時間は一〇分程

度。いわばこの落語は、料金のうちにはいらない、オマケとしての高座だ。だから、プログラムに名前も載っていない。

なお、定席では前座の落語は原則的にオマケ扱いだが、ホールなどで開かれる落語会は別で、開演後、前座の高座から始まることは多い。

ここに出てくるのは入門一〜四年目くらいの「前座」で、彼ら彼女らに寄席の高座を体験させて鍛えるのが目的だ。最近の前座は最初から上手な人が多いが、たまに絶句することもある。そんな危なっかしい若者の中から、将来を嘱望される若手が生まれてくるのだから、世の中はわからない。

二の落語からが、この日の番組の始まり。

ここに出てくる「二ツ目」の落語家というのは入門四〜一四年目くらいの若手で、見習いや前座修業を終え、プロの落語家として活動することを許されている身分だ。前座、二ツ目と落語が続くと、その力量の差がくっきりとわかることが多いが、たまに芸達者な前座もいて、兄さんとしての立場が脅かされることもある。

一、二と落語が続いたので、このあたりで最初の色物がはいる。客席を一気に温めて、笑い声が起こるようにするため、ここは漫才やコント、音楽漫談など、派手で明るくて賑やかな若手が出てくることが多い。

四、五の落語は、主に若手真打が担当するが、番組によっては中堅やベテラン真打がいきなり出てくることもある。昔は寄席に来ると誰もが四時間くらいは当たり前に遊んでいったのだが、今はそうではない。二時間、どうかすると一時間くらいで立つ人もいる。そういう観客が納得して帰れるよう、浅い時間にも実力者をどんどん顔付けするようになっている。若手には受難の時代だが、このあたりで、よく笑う人が多いのか、それとも静かな人が多いのか、その日の客席の様子も摑めてくる。

七〜八の落語は、主に中堅からベテラン真打の出番で、ちょっと凝ったネタの出しどころ。寄席の賑やかさやスピードに置いていかれそうになったお年寄りも、このあたりで追いついてくる。

六、九にどんな色物がはいるのかは、そのときの番組しだい。同じジャンルのものは出ないのでお楽しみに。

一〇の仲入り（休憩）前の落語は、寄席の顔ともいえるようなベテランや人気者がつとめることが多い。「トリ」を助ける「スケ」の出番は、たいていこのあたり。仲入り＝休憩時間のことだが、この出番を「仲入り」とも呼ぶ。持ち時間もちょっと長め。ワッと笑わせて、休憩時間の間もその熱気を冷まさない。そんな力量が必要な、重要な出番だ。

仲入りが終わると、ざわついた場内を静めるために元気のいい落語家が一席語る（一一）。これを「クイツキ」というのだが、寄席によっては漫才やコントがこの役をつとめるところもある。寄席の番組はここからが佳境なので、休憩時間に弁当を食べ始めた人は、このクイツキまでの間に食べ終えておくといい。俗に「深い時間」と呼ばれるのはこのあたりから。この「深い」には、「ディープ」の意味も含まれていそうな気がする。

一二の色物は、番組の中でも目玉といえる出番だ。キャリアを積んだ人気者が、ここに出てくることが多い。漫才のナイツ、宮田陽・昇、ロケット団、ホンキートンク、風刺コントのザ・ニュースペーパーなどがここにはいると、番組は一気に盛り上がる。

一三、一四の落語は大切だ。客席の雰囲気をぐっと上向かせ、トリの落語への期待を高めていくことが求められるからだ。一般的には一三がワッと笑わせ、一四の「ヒザ前」と呼ばれる出番はちょっと抑えるというパターンが多い。

トリの落語を生かしてくれるタイプの真打二人が共同作業で、「寄席は面白い場だ」と感じさせながら、深い時間をつくり上げていくことになる。特に「ヒザ前」は、あまりウケてもいけないが、蹴《け》られてもいけない、つまり退屈させてもいけないという難しい出番で、腕の見せどころといえるだろう。

一五の色物は「ヒザ替わり」と呼ばれ、ここも力量がある芸人の出番。トリの落語をじゃませず、しかも客を適度に楽しませないといけない役割なので、ジャンルとしては漫才やコントよりも、紙切り、太神楽曲芸、音曲といった古来からの伝統芸であることが多い。

こうして、どこか団体競技のような役割分担をしながら盛り上げてきた番組を、最後に総仕上げするのが一六の「トリ」のつとめだ。

持ち時間が長いので、大きなネタもできる。前座噺をたっぷり聞かせて(『寿限無』や『子ほめ』を、まともにやれば二〇分くらいかかる)、腕の違いを見せつけるベテランもいる。

そこまでどれほどいい流れで来ても、トリの落語が寂しければ、その番組は失敗したも同然。追出し太鼓がドロドロと鳴って客が席を立ち始めたときに、満足そうな顔が多ければ、それはトリの落語が良くて、寄席の番組をとことん楽しめた証拠になる。

人気も実力も備えた演者ならば、そんな役割を楽しみながらつとめることもできるだろうが、若手が抜擢されて寄席のトリをとるのは大変だ。

寄席の観客はシビアで、トリが知名度のない若手だというだけで、途中で帰ってしまう人もいる。ご贔屓《ひいき》に告知して味方を数多く客席に引き入れ、途中で帰っちゃいけないような雰囲気をつくっておくことも求められるだろう。その上で、初めて見るというファンを納得させて、「あの若いの、いいじゃない」と思わせることができたら最高だ。

ちなみに、開口一番に始まり、トリでハネるこうした番組を、寄席の世界では「芝居」と呼ぶ。トリの師匠の名をとって、「〇〇師匠の芝居」と呼ぶこともある。

出番によってネタは変わる

出番によって、高座にかける落語のネタも変わってくる。

そもそも物事には順序というものがある。最初から人が死ぬだの、お店のお嬢さんと奉公人が恋をして……、というようなネタを聞かすには、ちょっと無理がある。こういうネタは、客席が温まり、ちゃんと落語を聞こうという態勢が整ったあたりで出すのが効果的だ。

前述の番組表でいえば、一の出番は前座噺にほぼ決まっている。『子ほめ』『寿限無』『たらちね』『道灌《どうかん》』『牛ほめ』『つる』『道具屋』など、落語の基本ともいえるおなじみのネタだ。

じつはこうした前座噺は、単純なようでいて演じるのは非常に難しい。登場人物が少なく、場面も動かない。落語の中に出てくるセリフやり取りは、どうかすると客のほうがよく知っている。

大御所たちはよく、その登場人物の了見になって演じれば面白くなるというが、若い身空で与太郎の了見になどなれるものではない。さんざん稽古して、先輩たちの呼吸を盗み、少しずつ自分なりの与太郎をつくっていくしかない。そして、その努力ができなければ、プロの落語家には決してなることができない。

前座噺を前座がやるのとベテラン真打がやるのとでは、面白さがまったく違う。それでもこの出番は、下手でもいいから前座噺が似合う。

二の出番は、わりと自由だ。それほど持ち時間もないので前座噺を重ねてもいいし、若手だからこそ似合う若い男女が出てくるネタや、新作落語をぶつけてもいい。寄席での二ツ目の出番は基本的にはここだけなので、滑稽なネタでワッと笑わせ、キャラクターを印象付けながら、序盤に客席を温めることが求められる。

四、五のような「浅い時間」の落語には、所作の多い噺が似合う。二の腕に乗せた野球の球のようなモグサが煙を立てて燃え上がる『強情灸』、饅頭食べたり煙草を呑んだりする『長短』のような所作の多い噺が、このあたりで出てくると、寄席の気分はぐっと盛り上がる。酒を飲んだり、サイコロで博打をするようなものもいい。

七、八あたりの出番は、同じ落語でもちょっと変化が欲しくなるところ。春なら花見、夏なら花火、秋はともかく、冬なら雪や寒さというように、季節に合わせたネタもいい。三味線や太鼓などのハメモノがはいるネタや、ふだん寄席ではかからない珍しいネタを出してもいい。笑わせながら、寄席の風情を味わわせるようなネタが欲しい。このあたりで講談を一席入れることもあるが、それも似たような意味合いだ。

一〇は、休憩の間に帰る気を起こさせないよう、どちらかといえば熱っぽい滑稽ネタが似合う。トリが誰かにもよるが、威勢のいい職人が出てくるネタなどが定番だろう。

一一以降は、持ち時間もやや増えるので、それをさらにパワーアップしていけばいい。トリはもう、何をやってもいいのだが、寄席のトリの持ち時間はせいぜい二五〜三〇分。大ネタを力いっぱいやると、ちょっと時間が足りない。どこかのシーンを抜いたり、セリフを端折ったりして、寄席でできるサイズに微妙に短縮しているのだが、それを手抜きと感じさせてもいけない。ここらもトリの手腕にかかっている。

大きな流れとしては、このようなイメージだ。

寄席のネタ選びの大事なルールとして、同じようなネタを繰り返し出さないことがある。泥棒ネタが出ていれば、それは避ける。酒飲みのネタが出ていたら、それも避ける。同じようなクスグリ（ギャグ）がはいるネタも避ける。内容はまったく違うのに、大事なクスグリやオチの文句が同じネタというのが、じつはけっこう多い。これを「ネタが付く」という。深い出番になるほど、ネタの数や落語の知識がなければつとまらない。

昼夜の入れ替えがない「流し込み」の寄席では、丸一日寄席にいる人もいるという前提で、夜の部の出演者は、昼の部に出たネタも避ける。かつては泥棒ネタが一つでも出たら、その日は泥棒ネタ禁止くらいの厳しいルールだったそうだが、今は昼夜で二〇人以上の落語家が出ることもあり、そこまで厳密にはいわないそうだ。

寄席ならではの伝統的な色物芸

間にはいる色物芸についても、簡単にまとめておこう。
まずは三味線や太鼓などの鳴り物がはいる、寄席らしい伝統的な芸能から。
プログラムによく「曲芸」とあるもの、これは正しくは「太神楽曲芸」と呼ばれている。古くは神社に奉納する舞楽《ぶがく》、式楽《しきがく》から生まれた神事芸能で、伊勢、尾張（熱田）、水戸にルーツがあるといわれている。江戸時代に各地の大名に抱えられ、獅子舞で氏子の家々をお祓《はら》いし、土地の神々に曲芸を奉納したことで広がり、江戸後期には寄席芸能として娯楽を提供するようになった。

舞（獅子舞など）、曲芸（投げ物＝撥《ばち》・ナイフなど、立て物＝傘・五階茶碗《ごかいぢゃわん》・皿など）、話芸（掛け合い茶番《ちゃばん》）、鳴り物（下座音楽、祭囃子）をこなすが、寄席では主に曲芸を見せている。見た目も華やかで楽しく、寄席ならではの賑わいを感じさせる芸能だ。

寄席の正月興行では獅子舞も出るが、演じるのはこの曲芸の芸人たちだ。そのお囃子まで曲芸の芸人がつとめることもある。着物姿、洋服姿のいろいろなグループがあり、「曲芸」とも「太神楽」とも書かれるが、どちらもルーツは太神楽曲芸。日々の稽古が必要な難しい芸能だが、嬉しいことに若い芸人も増えている。

ちなみに伊勢には今でも太神楽集団があり、昔と同じように全国各地をまわり、獅子舞で家々のお祓いをし、神社で曲芸を奉納している。

「曲独楽《きょくごま》」と書かれているのは、独楽廻しの芸。こちらもルーツは古く、奈良時代に宮中の余興として演じられた記録もある。色とりどりの美しい独楽を使った芸は、九州の博多で発展し、江戸時代後期には見世物やお座敷芸として江戸に広まり、やがて寄席芸能に組み込まれていった。

日本刀の刃先で回す「独楽の刃渡り」、糸の上を伝わせる「糸渡り」、扇子の上で止める「地紙止め《じがみど》」、長煙管《ながぎせる》の上で回す「風車」などの芸があり、三味線の伴奏がはいる。

「紙切り」(「紙工芸」とも)も元をただせば古い芸能だが、寄席で人気が出たのは初代林家正楽(一八九六～一九六六)の時代が始まりだ。初代は元々落語家だったが、余芸として始めた紙切りが好評で、寄席の紙切り芸の祖となった。客の注文を聞いて、下絵も描かずにいきなりハサミひとつで形を切り出す。切っている間、客を飽きさせないように喋ったり体を動かす。「藤娘」や「助六」といった伝統的な図柄はもちろん、テレビや新聞雑誌に隈なく目を通し、スポーツ、芸能、流行にもアンテナを張り、どんな注文にも応えられるよう準備をしておく。ダメなときには機転を利かして、悪くとも笑いはとる。

なかなか大変な芸能だが、たいてい出来栄えが見事なので、客席がワッと活気づく。形を切っている間に演奏されるお囃子の三味線も聞きどころ。お題に合わせて曲を弾くのだが、その中には「なぜこの曲を三味線で弾けるんだ」と思うようなものもある。芸人とお囃子さんとのコラボレーションの妙を楽しんでほしい。

三味線を弾いて唄う音曲もある。「俗曲《ぞっきょく》」「粋曲《すいきょく》」「三味線漫談」「都々逸《どどいつ》」「浮世節」……。落語家と同じように着物姿で座布団に座り、お座敷で流行った昔の流行歌（「梅は咲いたか」「並木駒形」「品川甚句」「両国風景」など）、都々逸の弾き語り、おなじみの落語家の出囃子などを演奏し、もちろん笑いもある。これも寄席ならではの芸能で、唄や曲を覚えるとなお楽しい。

ちなみに二〇一七年秋に、三遊亭小円歌が「浮世節」の名人・立花家橘之助《きつのすけ》の二代目を襲名し、その披露興行としてすべての定席でトリをつとめた。色物の芸人でも、ときには寄席でトリをとることがあるのだ。

色物芸はバラエティー豊か

どちらかといえば現代的なイメージのある色物芸もある。

その代表が「漫才」だ。

じつは漫才の歴史も古く、新年を寿《ことほ》ぐ芸能として行われていた「萬歳」がルーツで、平安時代にはすでにあったという。一人が鼓《つづみ》を打ち、それに合わせて口上を述べ、舞い、ことば遊びで楽しませる。三河、尾張あたりが発祥で、鼓のほかに三味線や胡弓も入れた「三曲萬歳《さんぎよくまんざい》」もあった。この三曲萬歳の賑やかさをベースにした寄席芸能が明治から大正期の大阪で発展し、音楽漫談や二人でやる漫才が生まれ、現在に至っている。

ちなみに「漫才」の表記を使い始めたのは、スーツ姿のコンビが登場するようになる昭和になってからのこと。大阪でこの表記が先に普及し、それに触発されて元落語家の二人がスーツ姿で漫才を演じるようになった。東京漫才の祖とされるリーガル千太・万吉だ。現代的に見えて、これはこれで立派な伝統芸能の一つである。

テレビやラジオでもおなじみのコンビが寄席の高座に上がる機会も多いが、一〇〜一五分の持ち時間があるので、テレビのお笑い番組で見た印象とはまったく違うだろう。

漫才と同様、「音楽漫談」も多い。コンビもいれば、ピン(一人)で出てくる芸人もいて、ギター漫談、ギタレレ漫談、バイオリン漫談、アコーディオン漫談など、さまざまなジャンルがある。弾いて喋る、弾きながら踊る、楽器じゃないものも弾く、替え歌や冗談音楽を演奏する……どれも気楽に楽しめる。巧さをひけらかすことはないが、その技量の高さ、工夫のあるネタの数々には、いつも驚かされる。

「コント」のグループも出る。物まね入りの政治コントもあれば、浅草喜劇をルーツにしたコントもある。ヤクザの親分と子分、芝居好きのお婆さんと町の警官という取り合わせのコントなど、今や寄席の高座でしか見ることはできないだろう。

「奇術」や「マジック」も寄席には欠かせない。もともとは「手妻」「和妻」と呼ばれる日本古来の手品が寄席でも演じられていたが、明治時代以降は娯楽性の高い西洋奇術が中心になっていった。カードやロープを使った奇術だけでさらっと高座をつとめるベテランもいれば、胴体を切ったり刀を刺したりする大掛かりな仕掛けを用いる芸人もいる。

客席が混み合うと高座の両脇にまで人を入れた昔は、タネがばれると冷や冷やものだったそうだが、今はそういうこともない。そして寄席のマジシャンは喋りも巧いのだ。

ほかに、「動物物まね」「江戸売り声」「パントマイム」「ジャグリング」「発泡スチロール工芸」など、寄席にはさまざまな色物芸人がいる。

漫才やコントは寄席のスパイスだ

落語を中心に見せる――と書くと色物の芸人を添え物のように思うかもしれないが、そういうわけでもない。

落語が決して難しいものでないことは、こんな本を手にする読者はすでにご存知だろう。たいていのネタは聞いていればわかる。知らないことばが出てきたにしても、なんとなく察しはつくし、そこで引っかかって後の物語までわからなくなるようなことはほとんどない。

一方で、絵もなければ動きも少ない芸能なので、どうハチャメチャにつくったネタでも、その世界にはいり込むためには一定の集中力がいる。実在しない人物たちの顔や姿形を想像し、物語の舞台を思い浮かべ、頭の中に映像が浮かべているから楽しめているのだ。ぼーっと聞いているようでいて、じつはものすごい勢いで脳味噌が回転している。

ストレートトーク、つまり誰かの一人語りを聞き続けるというのも、日常生活の中にはあまりない。芝居の中でも一人芝居が特別なものであるように、椅子や桟敷にじーっと座って語りを聞き続けることには、やはりそれなりの緊張感がともなう。

たまに「寄席に行ってみたい」という人を誘うのだが、初めて寄席に来た彼ら彼女らは、落語の合間に出てきた漫才やコント、ウクレレ漫談、傘廻しの曲芸などを見て、一様にホッとしたような顔をする。父親に連れて来られ、ちょっと困ったような顔で高座を見ていた小学生の子が、ベタな学園物コントに大笑いしていたのを見たことがある。

じゃ、落語はダメだったのかというと、そういうことではない。見ればわかる、聞けばわかる落語以外の芸は、再び落語の世界にはいり込むための、絶好の脳味噌の休憩時間になる。実際、コントで大笑いした小学生は、後の落語を見る目が変わっていた。

寄席の色物、特に漫才やコントや音楽漫談などには、「寄席は不慣れな私を見捨てなかった」と思わせるような効果があるのだ。

内容だけではなく、立って何かをする芸人が出てくると、演じ手の姿勢や形にも変化があることで、見る側の気分も変わる。

落語の合間に、スタンドマイクを使った漫才やマジックがはいると、実際に目のやりどころが変わり、どうかすると座る姿勢まで変わる。高座の幅いっぱいを使ってナイフや花笠を投げ合い、取り合いする曲芸が出てくれれば、頭も目玉も動く。これが気分転換になり、次に出てくる落語を再び新鮮な気持で楽しめるようになるというわけだ。

落語の語りと、漫才やコントの喋りとのリズムやテンポの違い。これもまた気分転換には、うってつけの要素になる。

たとえていえば、ナイツの漫才と名人の落語だ。聞き比べれば、笑いの頻度も違えば笑わせるための攻め方も違う。どちらが良い悪いというものではない。落語と漫才は同じ笑芸でも、求めるものの方向性が違うのだ。

想像する楽しみ、反応する楽しみ

ちなみに落語のネタの多くは、江戸や明治の時代を背景にした物語だ。数あるネタの中から、親と子、上司と部下、金持ちと貧乏人、気の弱い人と気の強い人など、現代にも通じる普遍的な要素を持ったものが生き残り、高座で演じられる。時代や生活様式は変わっても、人と人との関係や、そこから生まれる感情は変わらない。それを担保にしているから、テレビ、インターネット、携帯電話が普及した現代でも、受け継がれてきた物語を楽しむことができるのだ。

むろん史実を語っているわけではないので、演出上それが効果的だと思えば、人力俥《じんりきしや》が往来を走っていた時代の物語にジェット機やロケットを飛ばしても構わない。縁日の団子屋の親父が「グッ・ジョブ！」と親指を差し向けるのもアリだ。演者の力量やタイプにもよるが、スラップスティックな演出を取り込んでも骨格が壊れないくらい頑丈なネタはいくつもある。

最初から現代を舞台にしてつくった新作落語もあり、その演じ手（たいていは自作のネタを語る）も増えている。『午後の保健室』『かけ声指南』『悲しみにてやんでい』『マキシム・ド・呑兵衛《のんべえ》』のようなドタバタ劇もあれば、『ハワイの雪』『人生が二度あれば』のようにホロリと情に訴える物語もあり、この分野も幅広い。

一方、余計な入れ事をしないほうが、登場人物が生き生きと活躍できるような落語もある。『品川心中』『文七元結《もつとい》』『明烏《あけがらす》』『芝浜』『居残り佐平次』のような古典落語の大ネタ、あるいは三遊亭圓朝作『牡丹灯籠』『真景累《しんけいかさね》ヶ《が》淵《ふち》』といった怪談などがそうだ。できることなら、江戸や東京の当時の情景や、その時代における人物の心情まで想像しながら、じっくりと聞きたい。

このような大ネタでさえ、基本的には聞いていれば様子や物語の展開はわかるものだが、町や風俗の変化、歴史や制度の変遷などを知っていたほうが、より深く楽しめるだろう。落語を入口にして、町や時代に興味を持ち、実際に歩いてみると、落語への愛着や楽しみ方はぐっと味わいを増すのだが、そのあたりは別の本に任せておこう。

一方、漫才やコントは、どちらかといえば生モノの笑いだ。時事ネタもあれば、夫婦「あるある」、会社「あるある」、老後「あるある」ネタもある。まさに身に覚えがあるような出来事に対する笑い、特別な心の準備がいらない笑いだ。

落語の合間にこうした芸がはいると、何か不意打ちをくらった感じで、見慣れた漫才が新鮮に聞こえてくるから不思議だ。考えたり想像する必要がなく、素直に受け取り反応すればいいからなのだろう。

想像する笑いと、反応する笑い——名人の落語とナイツの漫才は、笑いの質もツボも違うと書いたのは、そういう意味だ。伝統芸能の要素がいくぶん強い寄席に、漫才やコントが常に新風を吹き込む。そこに救われることもある。

かつて東京には一〇〇軒以上の寄席があり、その中には講談の席、浪曲の席も少なくなかった。それがどんどん減って、今やわずか数軒に減ってしまった。寄席として残っているのは、漫才やコントもはいる「色物席」ばかりだ。落語家もがんばったのだが、それとともに色物が伝統芸能と現世の娯楽とを共存させる、いい意味でのスパイスになっていたからなのだろう。

寄席の客席は「お座敷」である

内容や芸人の話はこれくらいにしておいて、寄席のはいり方や決まりごと、小屋の中の様子について、ちょっと説明しておこう。

寄席のチケットは、基本的に当日売りだ。販売しているのは、その寄席の「テケツ」と呼ばれる入場券売り場だけ。テケツはチケットが訛ったものだが、チケットよりはテケツのほうが英語の原音に近い。

特別興行や真打披露興行などの際には、前売りチケットや指定席券が出ることもある。これも寄席のテケツでなくては買うことはできない（鈴本演芸場、国立演芸場では、ホームページから前売り予約ができる。鈴本の予約システムについては後述する）。

正月などを除けば満員札止めになることは滅多にないので、どうしても見たいものがあるのなら立ち見覚悟で行ってみるといい。独演会のチケットを取るのが難しい人気者、たとえば小三治、昇太、一之輔あたりがトリをとる番組でも、寄席ならば当日券で潜り込むことができる。早めに行けば、座って見ることも可能だ。ちなみに、意外に空いているのが日曜日の夜の部である。

チケットを買って、「モギリ」で半券を受け取り、中にはいる（これを「木戸銭を払う」

という)。開演前ならば空いている席に座ればいいが、途中ではいったときにはどうすればいいのか。

寄席の客席は、なぜか通路側から埋まっていく。ど真ん中がガラガラなのに、通路に面した両端の席には人がいることが多い。前座が一席喋っているうちは、「すみません」と断り、その人に立ってもらって、堂々と好きな席に座ればいい。前述のように、前座の一席は木戸銭のうちにはいっていない。

それ以外の時間帯は……もし場内係のスタッフがいれば、その指示に従ってほしい。「お待ちください」と言われたら、その演者が終わるまでどこかで立って待ち、演者が入れ替わるときに空いている席にはいり込む。

途中、トイレなどに立ったり売店で買い物するときも同じ。演者が入れ替わるタイミングで席を立ち、次の入れ替わりで自分の席に戻る。せいぜい一〇～一五分の間だ。ちょっと立見していても、たいした苦にはなるまい。何しろ一番組が四時間を超えるのがふつうである。トイレに行きたくなったり、タバコが吸いたくなったときには仕方がない。通路に面した席は、この気遣いが少なくて済むので、寄席ファンには人気があるのだ。

中には落語の途中まで見て席を立ったり帰ったりする人もいるが、演者に失礼だし、ほかの楽しんでいる人も気になってしまう。見始めたら、その演者が終わるまでは立たない。その気も時間もないのなら、演者が高座に上がる前に帰るのがスマートだ。

館内の写真撮影や上演中の録音は禁止されている。古典芸能を楽しもうというのだから、入場する前に携帯電話の電源を切るなり、呼び出し音を無音・無振動にしておこう。バッグや財布についた鈴の音、お菓子や薬を出すときにビニール袋をカサカサさせる音も気になるので、これにも注意を払いたい。

ちなみに定席の客席はどこも、上演中の飲食は自由である。小屋によっては売店に弁当の用意もある。飲み物も買えるし、上野や浅草では日本酒や缶ビールの販売もある（新宿は場内アルコール禁止）。

弁当や飲み物を持ち込んでも構わない。ただし、臭気の強いものは避けたい。横浜のほうで人気のあるシウマイ弁当、あれがギリギリの線。肉まんや焼き立て餃子あたりは、できれば遠慮してもらいたいメニューだ。

さて、下準備が整ったあたりで高座を見回すと、不思議なことに気が付くだろう。なぜ新宿の高座には床の間のようなものがあるのか。上野の高座の後ろにある板戸や屛風、浅草の襖戸の向こうはどうなっているのだろう。

結論からいえば、すべてセット、演出である。

今や畳敷きの席がある定席は新宿だけになってしまったが、かつての寄席はすべて畳敷きだった。その当時の名残りで、高座も含めて寄席全体を一つのお座敷に見立てている。最も新しい池袋でも、高座の周囲だけは和風のしつらえになっている。

お座敷の一画に腰かけて、好きな物を飲み食いしながら、ゆっくりと伝統芸能を味わってほしい。定席の高座には、そういう思いが込められている。

番組は一〇日ごとに変わる

寄席の番組は、上席（一～一〇日）、中席（一一～二〇日）、下席（二一～三〇日）と、一〇日ごとに変わる。

その理由の一つは、寄席に出る団体が二つあることだ。「落語協会」（会長／柳亭市馬、副会長／林家正蔵、二〇一八年六月現在。以下同）と「落語芸術協会」（会長／桂歌丸、副会長／三遊亭小遊三）である。色物芸人も、それぞれの団体に所属している。

なお「五代目円楽一門会」（会長／三遊亭好楽、幹事長／六代目三遊亭円楽）と「落語立川流」（代表／土橋亭里う馬《どきょうていりゅうば》）の二団体は、基本的には定席と呼ばれる寄席には出ていない。

では、なぜ一週間単位ではなく一〇日ごとなのか。これればかりは慣例だからとしか説明しようがない。明治から大正時代にかけては、月の前半と後半とで番組を変える一五日興行だった。もっと目先を変えたいというような理由で一〇日興行に変わったのだろう。

さて、一〇日間の番組の出演者は、寄席の席亭（オーナー）と各協会の責任者との相談によって決まる。誰にトリをとらせるか、どの芸人をどの順番で出すのか。これを「顔付《かおづ》け」といって、芸人の名を書いた木札などを間に置き、膝付きで相談するらしい。

番組の要となるのがトリの落語家。誰がトリをつとめるのかによって客の入りも変われば、番組全体の顔ぶれも変わる。

「顔付け」が決まるのは三〇～四五日前。『東京かわら版』などの情報誌に番組を発表し、プログラムなどを用意する。さらに、小屋の正面に掲げる看板などの準備をする。

興行ごとに寄席小屋の正面には、出演者の名を書いた看板が出されるのだが、このときにひときわ大きな文字で、一番目立つところに掲示されるのが、昼の部と夜の部のトリの名。これを「大看板」と呼ぶ。名優や名人を「大看板」と呼ぶのは、ここからきたもの。

若手や中堅真打にトリをとらせることも多いが、それは大看板に見合った実力や人気を備えてほしいという席亭の期待の表れである。芸人の側から立候補することはできない。

興行上の小さな変更や工夫は現代でも行われている。

落語芸術協会の浅草と池袋の芝居では二〇〇二年から、受け持ちの一〇日を前半・後半に分け、五日興行にしている。忙しい人気者が一〇日間出続けるのは難しいが、五日間ならば出られる。若手や中堅真打にも経験を積ませたいというのがその理由だ。

どちらの協会がどの時期にどの寄席を担当するのか、そのスケジュールは毎年同じだ。正月初席、五月のゴールデンウィーク、八月中旬のお盆の時期のような書入れ時はいつも、落語協会が上野と浅草に出ていて、落語芸術協会が池袋と新宿に出ている。

余談だが、浅草演芸ホールが開館したのは前のオリンピックがあった年だ。敗戦後、浅草に落語の寄席はなかったのだが、たまたまホールのスタッフと仲がよかった落語芸術協会の重鎮・桂枝太郎《かつらえだたろう》(二代目)の口利きで、同じ建物の中に二つあった劇場を一つ閉鎖して寄席を開いたのが始まりである。

その縁で、もともと浅草の正月初席は落語芸術協会の担当だったが、浅草と新宿とが離れていて芸人の移動が大変だというので、当時の落語協会会長・三遊亭圓生(六代目)の提案で、上野の初席を担当していた落語協会が浅草の初席もつとめるようになり、両協会で浅草を担当する時期を入れ替えたのだという。どちらがよかったのか今となってはわからないが、圓生会長、意外に目端が利いている。

三一日ある月の最終日は「余一会」

寄席は丸一年、ほぼ年中無休で営業する。上野、池袋、新宿の寄席が、年末の二一〜三日を休むくらいのもの。浅草は、特別興行ではあるが、大晦日まできっちり営業する。

一〜三〇日までは通常興行だが、一月、三月、五月、七月、八月、一〇月は三一日まであるので、余った一日は特別興行を打つ(下席の興行を一日伸ばすこともある)。これが

「余一会《よいちかい》」だ。

昭和の半ばまでは、今のように独演会やホールの落語会というものが一般的ではなく、落語は寄席で見るのが当たり前だった。それでも、ふだん寄席ではできない噺を勉強したり、贔屓のために会を開きたいという演者側のニーズがあり、寄席興行のない三一日に小屋を借りて独演会を開いたのが「余一会」の始まりだ。今はない人形町末廣という定席で、昭和の名人とうたわれた三遊亭圓生が連続独演会を開いたり、二ツ目時代の古今亭志ん朝が上野でやはり連続勉強会を開いていたという、うらやましいような時代もあった。

ホールを借りて独演会や勉強会を開くのが当たり前になった今、寄席の余一会は、そんな時代の面影や風情を現代に再現するかのような、独特の催しになっている。

かつての名人の追善興行や、ふだんは寄席に出ることがない落語立川流や五代目円楽一門の一門会などは、今や余一会の定番。柳家さん喬・権太楼の二人会、ボーイズ漫談（音楽漫談）のグループだけを集めた会も、すっかり定着した感がある。

ふだん定席に行かない演芸ファンには、贔屓の芸人とともに、寄席の風情を味わう絶好のチャンスかもしれない。

深夜寄席と夜の割引

とりあえず寄席の木戸をくぐってみたい、という人におすすめなのが、新宿で毎週土曜日の夜にやっている「深夜寄席」だ。

新宿の深夜寄席は夜二一時半～二三時の間で木戸銭は一〇〇〇円。二ツ目と呼ばれる若手が四人出て、落語や講談を演じる。シブラクや成金《なりきん》といった人気のある落語会で爆笑をとり、すっかりおなじみになった二ツ目が出てくるのだから、つまらないはずがない。ファンも多く、毎回、開演前には長蛇の列ができている。

もう一つが、夜の部の割引だ。

上野と池袋は場所柄もあって、夜はわりと早くに終演してしまうが、浅草と新宿は連日夜二一時ごろまでプログラムがある。ともに一八時から割引が始まり、一九時からだとぐっとはいりやすくなる。通常二八〇〇～三〇〇〇円の木戸銭が、一九時過ぎなら約半額になる。一九時というのは、仲入り休憩前後のタイミングだ。

映画の封切館とほぼ同額で、ここからトリの落語まで二時間楽しめるというのは、仕事帰りの勤め人には悪くない選択肢だろう。

割引ではないが、池袋の下席の昼の部は一四時に始まり一七時ごろ終演という、ちょっと短い興行ながら、木戸銭は二〇〇〇円という手頃な価格だ。色物芸人も出るし、人気者がトリをとることも多い。ここも寄席遊びの「入口」としてはおすすめだ。

客は寄席を選べるが、寄席は客を選べない

さて、寄席にはいろいろな芸人が出てくるが、じつは客席も同じなのだ。新宿、上野、浅草、池袋と小屋によっても違えば、日によって、時間帯によって、客層や客席の反応はガラリと変わる。

寄席には本当にいろいろな客がいるのだ。落語好き、初心者、寄席に慣れている人、初めて来た人……。わざわざ木戸銭を払ってはいったのだから、誰もが笑いを求めているには違いはないが、求め方は一様ではない。そこが難しい。

何を喋ってもワッと大受けしてしまう日。芸人にとっては、ある意味やりやすいし、ありがたいお客さんなのだが、どんなギャグにも反応されてしまうと、込み入ったネタはやりにくい。

吉原や品川といったかつての花街が重要な舞台になるようなネタなど、それを求めてきた客の前ではやりやすいが、今日の初心者にはどうだろうとためらう。店の奉公人とお嬢さんとの叶わぬ恋をテーマにしたネタなども、似たようなものかもしれない。

逆に、何を喋っても反応の薄い日もある。寄席でおなじみの定番ネタに飽きているから笑わないのか、それとも人前で感情を表すことに慣れていないのか。声を張り上げて押してみたり、珍しいネタを出してみたりして、落語家が悪戦苦闘する場面を見たことがある。春休みや夏休みの季節に寄席に行ったら、子連れが多くて、その日一日、明るく楽しい学校寄席みたいな雰囲気になったこともある。それはそれで面白かったから、別に文句はない。

というわけで、寄席では前もって誰々が何をやります（これを「ネタ出し」という）、と告知することはほとんどない。せいぜいトリがネタ出しする芝居があるくらいだ。その日の客が何を求めているのかを探りながら、芸人が自分たちの力で芝居を「つくって」いくというイメージだ。

芸人はその日の客が、よく聞いてくれる人たちなのか、恥ずかしがり屋なのか、それとも単に騒ぎたいだけなのかを探り、懐の中から最適なネタを選ぶ。笑いが薄い日には、とにかく自分たちの味方を一人でも増やし、切り抜けるしか方法はない。毎日が一期一会の戦いの場でもあるのだ。

いい演者は、いい客を決して裏切らない。そして演者を育てるのは、客のつとめである。かつての常連が多かった時代ならばともかく、今はその関係づくりが難しくなっている。

寄席囃子のいろいろ

寄席で聞こえてくる太鼓、笛、三味線、鐘などの音を「寄席囃子」と呼ぶ。三味線を弾いているのは寄席囃子の専門家で、かつては「下座《げざ》さん」とも呼ばれていたが、現在では「お囃子さん」と呼ばれることが多い。

歌舞伎の芝居音楽、いわゆる「黒御簾《くろみす》音楽」が下座（舞台に向かって左手の黒御簾の内側）で演奏されることから「下座音楽」ということばが生まれ、寄席囃子は下座音楽から大きな影響を受けてきた。そこから寄席三味線の演奏家に対しても「下座」「下座さん」の呼称が生まれたわけで、元をただせば決して蔑称ではない。けれども、大事な三味線奏者を下に見るようで申し訳ないというので、「お囃子さん」の呼称が広がった。

一方、太鼓、鐘、笛には専門の演奏家はおらず、すべて前座が担当（演奏）する。ときに太神楽曲芸の芸人が笛を吹くこともある。

演奏するものは意外に多く、一番太鼓、二番太鼓、芸人の出囃子、落語のハメモノ、曲芸や紙切りの地囃子《じばやし》、追出し太鼓などがある。

このうち大太鼓（大胴《おおど》）と小太鼓（締め太鼓）と笛（能管）で演奏するのは、一番太鼓、二番太鼓、追出し太鼓など。三味線がはいるのは、芸人の出囃子、落語のハメモノ、曲芸や紙切りの地囃子などである。

一番太鼓は、「楽屋の支度が整いました。開場してください」という意味合いで、開演の三〇分ほど前に演奏するもの。縁起を担いで「ドンドンドントコイ」と大胴を打つ。

二番太鼓は、「これから始まります」の合図として開演の五分ほど前に演奏する。締め太鼓を「オタフクコイコイ（ステックテンテン）」と叩くのが特徴。そこに大胴がはいり、ときに笛（能管）もはいる。歌舞伎の開演前に演奏する曲「着到《ちゃくとう》」が原型だろう。

追出し太鼓（ハネ太鼓）は、トリの一席がハネた直後に打つもの。大胴だけを使い、最初「出テケ出テケ出テケ出テケ」と打ち、やがて「テンテンバラバラ」に変わり、最後は縁の釘をバチでこする「ギー」の音で鍵を閉める。

ほかに、仲入り太鼓、披露口上の前の太鼓などもある。

寄席囃子のシンは三味線

寄席囃子の中心になるのは、何といっても三味線の音色だ。三味線がはいるものに、何があるだろう。

まずは芸人の出囃子。これが大変である。落語家は二ツ目に昇進すると、それぞれ自分の出囃子を持てるようになる。大げさにいえばテーマミュージック、そう、猪木や藤波がリングに上がるときのアレをイメージしてもらうといい。

出囃子の曲は歌舞伎の長唄の一部を取ったものが多い。三遊亭金馬「本調子かっこ」、柳家小三治「二上りかっこ」、春風亭小朝「さわぎ」、林家正蔵「あやめ浴衣」、柳亭市馬「吾妻八景《あづまはつけい》」、柳家花緑《かろく》「お兼《かね》ざらし」などがそう。古今亭志ん生「一丁入り」、古今亭志ん朝「老松《おいまつ》」なども長唄が元だが、名人たちの没後は封印されている。

小唄や流行歌、民謡の一節を出囃子にしたものもある。春風亭一之輔「さつまさ」は小唄の名曲。林家木久扇「宮さん宮さん」、柳家権太楼《ごんたろう》「金毘羅船々」、昔昔亭《せきせきてい》桃太郎「旧桃太郎の唄」あたりは、まさにおなじみのメロディー。曲が聞こえてきただけで、何か面白いことが始まりそうな気がする。

さらに、三遊亭小遊三「ボタンとリボン」、春風亭昇太「デイビー・クロケット」など外国曲を選ぶ落語家もいれば、「ＵＷＦプロレスのメインテーマ」や「グレート・ムタのテーマ」を出囃子にする若手もいる。

誰の出囃子は何、というのを数百人分覚えて、それをいつでも弾けるように準備しておくのがお囃子さんの仕事だ。寄席だけでなく、ホールの落語会で仕事を頼まれることもあるので、他の団体の落語家の出囃子も弾けなければならない。どうかすると大阪の落語家の出囃子も弾く必要が出てくる。もっとも、いい出囃子の曲というのはある程度限られている。所属協会（団体）が別だというので、他の協会や団体の誰かと同じ曲を使う落語家は多い。

次に落語のハメモノ。落語の中には、場面の雰囲気を表現するために三味線や太鼓などで効果音を入れたものがある。これを「ハメモノ」という。

わかりやすいのは歌舞伎をパロディーにした『四段目』『七段目』、役者の芸談にスポットを当てた『中村仲蔵』『淀五郎』などだ。芝居同様の三味線曲がふんだんにはいり、ツケ打ちもある。

ほかに、落語の中に唄や踊りの曲をそのまま入れ込んだ『稽古屋』『庖丁』などもあれば、幽霊が登場する場面、宴会のどんちゃん騒ぎの場面、雪が降り出した場面などにハメモノを入れるネタもある。

落語家とお囃子さんとで、ハメモノを入れるきっかけや、曲目、止めるタイミングなどをよく相談してから高座にかけるのだが、落語家それぞれで演じ方が違ったりして、これがなかなか難しい。噺のジャマにならないようメリハリをつけて弾くにも経験がいる。ふだんから落語を聞いていないとつとまらない仕事だ。

落語家がネタを語り終えた後に、立ち上がって寄席の踊りを見せることも少なくない。この伴奏もお囃子さんの仕事だ。踊りの名曲の数々を弾いて唄う。寄席囃子はもちろん、長唄、清元《きよもと》、常盤津《ときわづ》、小唄……ふだんから何でも稽古しておかなければならない。

見せどころ、聞かせどころは色物の出番だ。曲芸や曲独楽の出番では、芸が変わるごとに曲もどんどん変わる。芝居や文楽や祭囃子の曲をメドレーのようにつなげていく。

面白いのは紙切りで、客席から注文があると、それに合う曲を即興で弾き始める。武田信玄や川中島なら「武田節」、酒やビールに関する注文に「黒田節」というあたりは、もはや定番の選曲。正月、雛祭り、花見、五月の節句、夏休み、月見、クリスマス、スキー、年末……時期に応じて曲を準備しておく。ヒーローもののテーマ、CMソング、ディズニーの曲、ドラマの主題歌など、聞き慣れたメロディーが飛び出したときに客席がワッと沸くのが面白い。

お囃子さんが高座に出てくることはないけれど、寄席になくてはならない大事な宝物だ。囃子とは「映《は》やし」、主となるものを「映えさせる」ために演奏する——と書いた本もある。曲をただ弾くのではなく、飾りの音をたくさん入れて賑やかにしなければならないなど、細かくいえばいろいろあるのだが、ここらはお囃子さんの本に任せよう。

ちなみに東京の落語界では、江戸時代後期の天保の改革（一八三〇年ごろ）で寄席の鳴り物が禁止され、出囃子さえなかった。大阪の落語では当たり前だった出囃子が、再び東京の寄席に復活したのは大正時代にはいってからのこと。

敗戦までやや不遇をかこっていた落語界は、戦後に大きく盛り返し、落語家の数はどんどん増えて、今では東京だけで六〇〇人以上もいる。それに応じてお囃子さんも増えてはいるのだが、まだ手が足らない。三味線も寄席も好きだという奇特な人は、国立劇場で数年に一度、研修生を募集するので、ぜひ立候補してほしい。

寄席は着物姿の良さを鑑賞できる場である

芸人の着物についても触れておこう。日常的にこれだけ多くの着物姿の人物を鑑賞できる場というのは、ほかになかなかない。

その昔は、黒紋付きの着物に黒紋付きの羽織というのが落語家の「制服」だったようだが、今はそうではない。もちろんその伝統を古風に守っている人もいる。一方で、淡い色から濃い目の色まで、さまざまな色の着物と羽織を組み合わせて着こなしている人もいれば、大柄の縞模様の着物を着たり、蛍光色に近い派手な色合いの着物をまとった人もいる。帯の太さ(細さ)や色合い、羽織紐の選び方にも、それぞれにこだわりがある。

落語家を志望したのだから、どの芸人も着物好きにはちがいない。最初はよくわからなくても、毎日、着物を着て高座をつとめているうちに、いろいろな思いが沸いてくる。自分の体形や雰囲気に合う着物は何か、自分の芸風からすればこんな着物を着たほうがいいのではないか。このネタをやるときには、どんな着物を着るべきか。もちろんそこには、師匠と仰いだ人がどんな着物が好きで、着物に対してどんな思いを抱いていたのかも反映されるのだろう。

単なる思い付きや気分だけで選んでいるわけではないので、芸人の着物姿というのは、それだけでも見どころになる。「あの人の着物姿を見るのが楽しみ」といわれるようになれば、これはこれで芸人にとって名誉にもなるだろう。

着物は季節によっても違う。近年、素材が多様化したことにより、「袷《あわせ》」（裏地のあるもの）と「単《ひとえ》」（裏地のないもの）の見分けはつきにくくなったが、七〜八月に着る薄物、たとえば透け感のある「紗《しゃ》」や、縞状の透け方に特色がある「絽《ろ》」の着物を見ると、夏だなあと思う。

着物の下に着る長襦袢も、オシャレのしどころになる。ふだんは襟元しか見えないが、女房や若い娘がやりこめられ、着物の袖口から長襦袢の先を引っ張り出して涙を拭う。そんな所作をするときに、赤い長襦袢がちらりと見えると、そこに強烈に女を感じる。黒紋付きを着る芸人の長襦袢が、じつは意外に凝っていたりするのも面白い。

出囃子に乗って出てきて着座するまでの動作にも、芸人の美意識めいたものを窺うことができる。着物の裾を揃えて端正に着座する人もいれば、裾をわずかに持ち上げてはらりと横に流し、どこか色気を感じさせる人もいる。一方、座布団を前にグッと膝を割り、まるで根を生やしたかのように力を込めて着座する人もいる。落語はすでに、ここから始まっているのだ。

着物姿でもう一つ大事なことは、正座している姿そのものの美しさだ。「あれは、腰から下に必要以上に視線が向かないようにするのに役立っているんだ」という話を聞いたことがあるが、たしかにそうかもしれない。洋服姿で高座の上で正座すれば、どうしても腿や足の形そのものに目がいってしまう。その部分をすっぽりと布で覆った着物姿ならば、体形や性差がさほど気にならない。芸人が一人で男女を演じ分け、そこに不自然さが出にくいのは、着物姿で正座をして演じているからなのかもしれない。芸人が男性であれ女性であれ、そこは同じだ。

所作が激しく、裾や足元が乱れそうな噺をするときには、芸人は袴を着ける。人によっては、歌舞伎の所作を入れるときだけは袴を着けず、たとえ裾が乱れても美しく見えるように心がけているとも聞いたが、心配なときには袴を着けるほうが一般的だ。小柄な人は、着流し（袴を着けないこと）で出るよりも袴を着けたほうが、姿そのものが大きく見える。舞台の規模が大きいホールなどで落語を演じるときには、やはり袴を着けることが多い。

一方、噺を終えて立ち上がり、高座で踊りを見せることもあるが、このときは着流しに限る。腰から足先までの直線的なラインが、じつに美しく見えるのだ。せっかくならば高座の上にいる芸人の着物姿も、とことん眺めて楽しんでみてほしい。

寄席文字は辛うじて生き残った

新宿や池袋のテケツの脇にある大看板の文字。あれは番組ごとに毎回、寄席文字の専門家が書いている。

特に新宿の外観は、文字のラビリンスのような世界だ。二階の庇《ひさし》の下に板に書いた出演者の名、一階の庇の下には白紙に昼夜の出演者名を書いたものが掲げられ、木戸の脇にはトリの落語家の名を大きく書き入れた大看板、テケツの左側には主な出演者名を大きめの文字で書いた看板が立てられている。それぞれ「イタ（板）」「ランマ（欄間）」「マネキ（招き）」などと呼び分けているようだ。

寄席が始まると高座に芸人の名が書かれた「メクリ（「名ビラ」とも）」が出されるが、これも寄席文字だ。太い筆で書かれたもので、相撲や歌舞伎の文字とも違う独特の江戸文字。「小三治」「小朝」は初見でも読めるだろうが、文字にクセのある「小満ん」「世之介《よのすけ》」になると、ちょっと怪しい。「満」や「介」の字が独特なのだ。

寄席文字は、寄席に客を集めるための公告ビラの文字として江戸時代後期に生まれたもの。提灯や半纏などに使われていた字体と歌舞伎に使われていた勘亭流の字体とを折衷して編み出した文字だ。「ビラ字」とも呼ばれ（正確には違う書体）、各町内に寄席があったという明治から大正期にかけて多くの職人もいた。

少しでも多くの客が寄席に集まり大入《おおいり》になるようにと縁起を担ぎ、太筆を用いてなるべく余白のない形に文字を書く。文字が右肩上がりになっているのも特徴だ。ビラやメクリを書く際には、やはり文字間を詰めて余白を少なくする。

こうして出来上がった寄席文字の文化も、昭和にはいり寄席じたいが減るにつれて職人が離れ、とうとう戦後は書ける人が一人もいなくなった。落語家だった橘《たちばな》右近《うこん》（一九〇三〜九五）が苦労して集めたビラなどを手本に文字を書き始め、やがて文字を職業としたことで、辛うじて今に伝わったのだ。

右近の没後は弟子の橘左近が中心となって寄席文字の勉強会を開き、そこから大勢の専門家も育っている。寄席は一〇日ごとに番組が変わるが、そのつど張り替えられる看板の文字は、恐らく捨てられることはない。後進の資料として、どこかに大切に保管されているはずだ。

手書きの看板、メクリの文字……そんな些細なところにも寄席を愛した人たちの思いが籠もっている。

寄席に行くなら体調のいい日に

寄席の見どころや楽しみ方について、かいつまんでまとめてみた。

当たり前のことだが、これをやったら恥ずかしいとか、これをやったらいけない、というようなルールはほとんどない。雑音を出すこと、上演中のお喋り、演者に無暗に話しかけること――禁じ手は、このくらいだろう。それだって、絶対にしてはいけない、というわけでもない。

好きな時間に行って、昼夜流し込みの席ならば好きな時間まで聞き、腹が減ったら弁当やお菓子をつまむ。笑いたければ声を出して笑う。ずっと椅子に座っているのが辛いといえば辛いが、これ以上気楽な娯楽はほとんどない。

では、どんなときに寄席に行くのがいいのだろう。

贔屓の落語家がトリをとる日に行く。それが自然なのかもしれない。徐々に客席が温まっていって、それが最高潮に達したときに大好きな落語家が登場し、たっぷりと語る。これは堪らない楽しみだ。

ただまあ、はっきりと贔屓の芸人が決まっていて、その人だけを見ていたいならば、寄席よりも独演会に行くほうがいい。

筆者が思うに、誰々を見たいと思って寄席に行くよりも、自分の体調のいい日に、誰が出ていようと関係なく寄席に行くほうが楽しめるような気がする。慣れないうちは最初からトリまでを通して見なくてもいい。どこか一時間でも二時間でもいいのだ。全体の流れが摑めてきたら、昼でも夜でもいいから、最初から終いまで居続けてみる。そうすると、トリの落語にどれだけ重点を置いているのかがよくわかる。

欲張らず、ぼんやりと眺めていると、まったく知らなかった落語家や色物の芸人の中に、ふしぎに面白い人が見つかる。さらにふしぎなことに、そのうちの何人かは、寄席に行くと必ず出ていることもわかってくる。

寄席に「よく出ている」というのは、少なくとも客に嫌われている芸人ではない。いつも客席をワッと沸かせる人もいれば、地味なように見えて落語や芸を楽しませることに長けた人もいる。席亭にも寄席のリピーターにも認められている、そういう存在なのだ。

寄席とはまったく関係ないようだが、かつて経済学者のジョン・メイナード・ケインズは、金融市場における投資家の行動パターンを、このように譬えている。

「一〇〇枚の写真の中から最も美人だと思う人に投票してもらい、最も投票が多かった美人に投票した人たちに商品を与える新聞投票」

裏返せば、次のような意味だ。

「投票者は自分自身が美人と思う人へ投票するのではなく、平均的に美人と思われる人へ投票するようになる」

メディアがつくり出すブームというのは、これとよく似ている。イケメン落語家、若手の実力者……というようなキャッチフレーズで紹介される記事は、それほど間違ってもいないかもしれないが、ほかにも山ほど個性的な芸人がいるのだ。

寄席で演芸を楽しむというのは、極めて個人的な道楽だ。世間の評判など何も気にする必要はない。ぼんやりと眺めながら、自分が面白いと思う芸人をじっくり探せばいい。中には、六〇歳、七〇歳を過ぎるころになって、あっ！と思わせる芸人もいる。見る側の年齢にもよるが、そういう面白さを発見すると、落語や演芸に対する見方がガラリと変わってくる。

ついでにいえば、仮にその日一日あまり収穫がなくても、寄席なら投資額は限られている。

三

寄席の歴史

四〇〇軒から一一軒へ

一年三六五日ほぼ無休で興行する定席《じょうせき》（色物席）は現在、鈴本演芸場、新宿末廣亭、浅草演芸ホール、池袋演芸場の四軒しかない。そのほか落語、講談、浪曲などの興行をほぼ毎日行っている国立演芸場、上野広小路亭、お江戸日本橋亭、お江戸両国亭、神田連雀亭、木馬亭、横浜にぎわい座を含めても、寄席は現在、全部で一一軒だ。

江戸・東京に噺の席が姿を現したのは文化・文政年間（一八〇四〜三一）のこと。寛政一〇年（一七九八）に初代三笑亭可楽が初めて噺の席を開くのだが、その時代はまだ「釈場《しゃくば》」とか「軍談席」と呼ばれた講談の席のほうが庶民にとってなじみがあった。しかし、そこから数年のうちに可楽をはじめとする落語家も実力を蓄え、勢力を拡大し、一気に噺の席が増加する。

「寄席」ということばが根付いたのは、それから半世紀ほど経ってからのこと。多い時期には江戸市中だけで、講談席も含めて四〇〇軒ほどの寄席があったという。寄席はまさに娯楽の王様だったのだ。

時代が明治に変わっても、しばらくこの勢いは変わらなかったが、やがて娯楽が多様化し、交通機関の発達によって街の構造や暮らしが変化し、メディアが発達して価値観が変わるにつれて、寄席はその数を減らしていく。それでも昭和の戦争のころまで一〇〇〜二〇〇軒の間で増減していたのだから、それなりに大事な場所であったことにちがいはない。大きく変化したのが、東京大空襲と敗戦である。寄席は一気に数を減らし、やがて今の数字に落ち着く。これを衰退と見るのか、よくぞこれだけ残ってくれたと見るのかは、寄席演芸が好きかどうかで大きく違うだろう。筆者は、よく残ったほうだと思っている。

そういうつもりで寄席演芸の歴史を振り返ると、要所で寄席の衰退に抗うようにさまざまな芸人が登場し、あるときには邪道と罵られながらも大きな働きをしていたのがよくわかる。新たな客層を掘り起こそうと必死になって格闘した芸人もいれば、来てくれた客を話芸によって魅了しようと腕を磨き、ネタを増やした芸人もいる。賑やかな色物や珍芸の数々が寄席を支えた時代もある。

江戸時代後期に落語が庶民の娯楽になって二二〇年、「寄席」ということばが生まれてからざっと一七〇年。良い時代もあれば、やりにくい時代もあった。その時々にいったい何が起きていたのか。歴史や出来事を振り返りながら、庶民と寄席との関係、都市と娯楽との関係のようなものを探ってみたい。

落語はとびきり遅咲きの芸能だった

いわゆるプロの落語家が生まれたのが、江戸時代後期の文化年間（一八〇四〜一八）。今に伝わる古典芸能の中では、とびきり遅いスタートでもあった。

ご存知のように、雅楽は平安時代、能や狂言は室町時代に生まれた芸能だ。

歌舞伎も江戸時代以前の上方に始まったものだが、今日のような歌舞伎が東国の江戸にも根付いたといわれるのは元禄年間（一六八八〜一七〇四）のこと。延享年間（一七四四〜四八）にはすでに完成形に近づき、『菅原伝授手習鑑《すがわらでんじゅてならいかがみ》』『義経千本桜』『仮名手本忠臣蔵』といった人気演目が上演されている。歌舞伎舞踊の名作『京鹿子娘道成寺《きょうがのこむすめどうじょうじ》』の初演も宝暦三年（一七五三）である。

文楽は貞享元年（一六八四）、竹本義太夫が大坂に「竹本座」を建て、義太夫節と三味線による人形浄瑠璃を興行したのが始まりだ。のちに近松門左衛門などの劇作家が登場して歌舞伎を凌ぐ人気を集め、歌舞伎演目にも大きな影響を与えた。主に大坂で発展した芸能だが、一八世紀末になると福内鬼外《ふくちきがい》（平賀源内）など江戸の作家の手による演目が、江戸でも興行されるようになった。

そして講談。戦国時代の御伽衆《おとぎしゅう》・御噺衆《おはなししゅう》をルーツとした古い芸能で、江戸ではすでに元禄年間には口演されている。江戸時代初頭、幕府が大名をいくつも取り潰したことにより多くの浪人が路頭に迷い、慶安の変（由井正雪の乱）のような不穏な事件も起きた。『太平記』や『三方ヶ原軍記』のような軍談の読み聞かせを生業とした浪人も多く、幕府は早くから講釈師を職業として認め、封建制度の中に彼らの居場所をつくらざるを得なかったのだ。

講談師の中には武家屋敷を得意先にした者もいれば、寺社の境内などにヨシヅ張りの小屋を設けて「辻講釈《つじこうしやく》」（聞いた客から小銭を集める興行形態）をした者もいる。やがて堅苦しい読み物ばかりでなく、そこにユーモアや皮肉を交える工夫をしてみたり、逆に軍談などの重い噺を庶民にじっくり味わわせる工夫をする者が現れる。

馬場文耕《ぶんこう》が講談席をつくったのが宝暦七年（一七五七）のこと。天明年間（一七八一～八九）には森川馬谷《ばこく》が、講談の読み物（ネタのこと）を軍談、御家《おいえ》騒動（家督争いなどを描いたもの）、世話物（町人が出てくるもの）に分類し、講談席でどのような順で聞かせるのが良いかを取りまとめ、興行としての形態を整えた。この講談席のあり方が、娯楽場としての寄席にも影響を与えたのかもしれない。

古典芸能ではないが、江戸の大相撲の人気が急上昇したのも一八世紀末のこの時代からだ。谷風や雷電といった人気力士が次々に登場。谷風が打ち立てた六三連勝は、昭和の横綱双葉山に破られるまで不滅の大記録となり、弟子の雷電も、それに劣らぬ強さを見せた。

スターが生まれ、角界が江戸名物に名乗りを上げた。

一方の落語は、落語の元になった「笑い噺」や「落とし噺」が、料亭などで開かれる江戸の旦那衆や文化人の集まりで披露されていただけで、なかなか庶民の元にまで降りてくることができなかった。

それには多少の理由がある。ひとことで言えば、政治と笑いとの相性の悪さが原因だ。

「笑い噺」から落語へ

笑い噺や落とし噺の歴史は古く、遡れば鎌倉時代の仏教説話集『沙石集《しゃせきしゅう》』にもその例が見られる。時代はずっと下って、安土桃山時代から江戸初期に生きた僧・安楽庵策伝《あんらくあんさくでん》（一五五四〜一六四二）も笑話本『醒酔笑《せいすいしょう》』をまとめ、自らも「噺」をして、「おとしばなしの上手なり」「希世の咄上手」の評判をとっている。

延宝天和年間（一六七三〜八四）には、京に露《つゆ》の五郎兵衛、大坂に米沢彦八、江戸に鹿《しか》野《の》武左衛門が現れ、寺社の境内や繁華街で「辻噺」をして評判をとった。辻講釈と同様、ヨシヅ張りの小屋などで話芸を聞かせ、お金を集めるスタイルで落とし噺を聞かせたのだ。いわば、プロの落語家の祖である。

これが素直に受け入れられれば良かったのだが、歴史はそれを許さなかった。

江戸に幕府ができたころは、武家・町人を合わせても一五万人ほどの街だったが、参勤交代が始まり、そのための屋敷を建てる職人、流通・小売りを受け持つ商人たちが地方から流入すると人口は急増。町人だけで五〇万人近くに達し、江戸在住の武家を合わせれば一〇〇万人の大都市になっていく。江戸が「街」から「都市」に変わるそんな時代に、武左衛門は辻噺をし、落とし噺の本を出していたのだ。

ところが、たまたまそんな江戸で疫病が大流行し、一万人以上の死者が出る騒ぎが起こった。これも過渡期の都市ならではの出来事だったのだろう。この機に乗じて「疫病には南天の実と梅干を煎じて飲めば効く、と馬のお告げがあった」という噂を流し、一儲けを企んだ商人も出た。

都市にデマは付き物だが、幕府はこれを大変重く見て、デマを流した犯人をつきとめ、斬罪に処すなど厳しく取り締まった。その際「馬が人語を喋るところは、武左衛門の落とし噺をヒントにした」と下手人が述べたことで、武左衛門までもが罪に問われ、活動を禁じられて書物は発禁処分にされた（流罪にされたともいわれている）。まさに見せしめである。

これがきっかけで、少なくとも江戸では辻噺は途絶え、同人が集まって趣味的に開かれる「噺の会」や読み物の中だけで「落とし噺」が伝えられてきた。

それから一〇〇年が過ぎ、前述のように一〇〇万都市の庶民文化はますます華やぎ、歌舞伎、文芸、相撲、花街に活気がみなぎる。人々は娯楽を求め、さすがの幕府の統制も緩んできた。大坂ではすでに「落とし噺」の興行も始まっているらしい。それならば江戸でも——と、「噺の会」同人の初代三笑亭可楽らが一大決心をして興行に打って出たのだ。

寛政一〇年（一七九八）、下谷《したや》神社で開いた席がその手はじめ。それ以前に大坂の噺家・岡本万作が江戸で興行を打ったことがあるのだが、そのことも引き金になったようだ。

下谷神社での興行はネタ不足、準備不足もあって五日間しか続かなかった。しかし可楽は家財をなげうち、それから数年かけて必死に腕を磨き、文化元年（一八〇四）には「三題噺」で評判をとる。三題噺というのは、客席から題を三つ集め、それを入れ込んで即興で噺を組み立てるというもの。今でもたまに演じられ、そこから新作落語のネタが生まれることがある。

ここにようやく職業的落語家が生まれ、その集団ができ、落語が一気に庶民の間に広がっていったのである。

「カミシモ」の演出は歌舞伎から

余談だが、カミシモを工夫して登場人物の立ち位置や舞台背景を描き出すという落語の演出方法は、歌舞伎から援用したものだ。

落語のカミシモは、歌舞伎の舞台を思い浮かべれば理解しやすい。舞台に向かって左側、花道がある側が「下手《しもて》（シモ）」で、その逆が「上手《かみて》（カミ）」である。歌舞伎で大きな役をつとめる人物は、花道から出てきて、舞台上につくられた家や屋敷などを訪ねる。おのずと家人は、訪ねてきた人物を「下手（シモ）」を向いて出迎える。

落語のカミシモもこれと同じ。

「ご隠居さん、いますか」

と、訪ねてくる人物は必ず「上手（カミ）」を向いて声をかける。

「おう、甚兵衛さんじゃないか。まあ、こっちへおはいり」

出迎える側は、必ず「下手（シモ）」を向いて喋る。

この後、屋内での二人の会話になるのだが、ご隠居さんはシモを向いて喋り、甚兵衛さんや熊さんはカミを向いて喋る。

このあたりは、日常生活における上座《かみざ》・下座《しもざ》の考え方とも似ている。甚兵衛さんや熊さんとご隠居との関係ならば、ご隠居さんが上座（カミ）に座るのがふつうだが、来客が家人よりも目上ならば上座（カミ）をすすめる。夫婦ならば夫が上座、商店ならば主人が上座だ。落語をよく見ていると、出迎えた夫や店の主人を奥（上座）に座らせる仕草があり、人物のカミシモを入れ替えているのがわかる。

なぜこのような表現上のルールができたかといえば、寛政年間（一七八九〜一八〇一）

までに歌舞伎が成熟し、時代劇はもちろん、町人が活躍する「世話物」（刑事もの、犯罪もの、ホームドラマ的な芝居）までをカバーするようになり、芝居がとても身近なものになっていたからだ。

「噺の会」に集まる文化人の中には、五代目市川團十郎のような俳優もいた。「芝居とはこういうもの」というイメージが、演者にも見る側にも共有されていたので、カミシモを使って一人で喋る演出方法が、わりと素直に受け入れられたのだろう。

カミシモの演出は落語で生まれたのではなく、講談が先だという説もある。やはり文化文政年間に活躍した講談師の桃林亭東玉《とうりんていとうぎょく》（一七八六〜一八四九）は、カミシモを工夫し声を変えるなどして男女や人物を演じ分け、堅い、難しいと思われていた講釈の敷居を下げ、女子にまで人気を広げていったという。

だが、どちらが先かということは、この際どうでもいい。落語は、落語だけで成立したわけではない。先行した芸能の良いところを取り入れ、わかりやすく、楽しみやすいものに形を整えてきたのだ。

欧米の演劇はもちろん、映画やミュージカル、今ある現代演劇に上手・下手の観念などあるはずがないが、そういう世界もカミシモの演出で表現しようと思えばできてしまうところに、落語や講談、さらには浪曲といった話芸のしぶとさがあるような気がする。

寄席も歌舞伎も大打撃を受けた「天保の改革」

可楽の落語が始まりとなって、それから三〇〜四〇年ほどの間に落語家が急増し、あっという間に二〇〇人を超える一大勢力になっていく。

文化元年（一八〇四）に三〇軒程度だった噺の席は、文化一二年（一八一五）には七五軒、天保一〇年（一八三九）には二〇〇軒を超すほどになった。もちろんその中に、講談席も少なくない。

文化文政年間は、歌舞伎の世界にも江戸ブームが巻き起こり、鶴屋南北（一七五五〜一八二九）が『東海道四谷怪談』『盟《かみかけて》三《さん》五《ご》大切《たいせつ》』といった怪談や世話物を次々に送り出し、大当たりをとっていた。それまでの歌舞伎演目は上方（大坂）でつくられたものが多かったが、江戸の歌舞伎は江戸の人間がつくる、そんな気分がみなぎった時代だ。

ところが、いいことは長く続かない。

天保一二年（一八四一）、水野忠邦が老中に就くと、物価高騰を引き締めるために、贅沢の禁止を打ち出した。世にいう「天保の改革」だ。

娯楽の分野にも目が付けられ、人気の絶頂にあった七代目市川團十郎が江戸追放になり、それまで繁華街にあった歌舞伎三座（中村座、市村座、森田座）が浅草の裏手に集められ、役者や関係者も人里離れたこの町に住まわせられた。当時、浅草寺の裏手には水田が広がり、その向こうに新吉原と呼ばれた遊郭だけがポツンと離れてあった時代だ。

噺の席にも規制の矛先が向けられ、三〇年以上続いた古席一五軒と、寺社の境内にあった九軒だけが許可され、その他は営業停止になる。噺の内容も、娯楽性の薄い軍談や昔話だけに制限された。

お上の方針はくるくる変わる。「またか」と思った者も少なくなかっただろうが、役者や講談師、落語家にとっては死活問題だった。

「落語色物席」が次々に生まれる

悪いこともそう長くは続かない。

水野忠邦はわずか数年で失脚。庶民も娯楽に飢えていたのだろう。規制が解けた弘化元年（一八四五）に寄席はたちまち六〇軒に増え、その翌年にはさらに倍増。ペリーが来航して大騒ぎになった安政のころ（一八五〇年代）には四〇〇軒近くになった。そのうち二二〇軒が講談席で、一七〇軒が落語の席だったという。

「寄場」や「寄せ」と呼ばれた噺の席に「寄席」という文字が当てられ、それが定着したのもこの時代のこと。上方には「寄席」の呼称はなく、「席」と呼ぶことが多い。

さて、落語の寄席が急に増えたため、芸人の数が不足しがちで、この時期に太神楽や手品（手妻）も寄席のメンバーに加わったという。

太神楽の芸人は寄席で、獅子舞はもちろん、曲芸を見せたり、歌舞伎の一部を芝居仕立てで見せる「茶番」、後の漫才にも影響を与えた「掛け合い」などを披露した。茶番や掛け合いは、今は特別な会に行かない限り、なかなか見ることはできない。

また手品師は、落語の合間にちょっと見せるという意味で、あまり大仕掛けのものではなく、コンパクトな芸が喜ばれた。

歌舞伎音楽である長唄、清元《きよもと》、常盤津《ときわづ》、さらには義太夫、小唄や端唄《はうた》、役者の声まねなども、寄席の色物に加わった。変わったところでは、「写《うつ》し絵」と呼ばれた幻燈影絵、厚紙に眼や眉毛を書いた眼鬘《めかずら》という小さな仮面をつけて小噺などを聞かせる「百眼《ひやくまなこ》」などもあった。

つまり、落語の寄席は、かなり早い時期から「色物席」として魅力を高めていったのだ。

当時の寄席の木戸銭は三六文。一文＝三〇円に換算すれば一〇〇〇円ほど。後に四八文（一五〇〇円ほど）に値上がりするが、職人の日当の一割程度だったので、それほど高くはない。

ちなみに辺境に追いやられた歌舞伎も、「芝居町」と呼ばれた浅草裏の猿若町《さるわかちよう》じたいが新たな盛り場として活気づき、河竹黙阿弥《もくあみ》が手がけた『鼠小僧（鼠小紋東君新形《ねずみこもんはるのしんがた》）』『三《さん》人吉《にんきち》三《さ》廓初買《くるわのはつがい》』『白浪五人男（青砥稿花紅彩画《あおとぞうしはなのにしきえ》）』などの話題作が次々に生まれた。

早朝に始まり夜まで続く歌舞伎の木戸銭は、さすがに寄席よりも高い。立見こそ一六文（五〇〇円ほど）と手頃だが、「切り落とし」と呼ばれた追い込み席は一六〇文（五〇〇〇円ほど）。四方に囲みのある「土間」が一間で銀二五匁《もんめ》（約一七〇〇〇文、五万円ほど、七人詰）。

この上のクラスの桟敷は、その三倍くらいの費用がかかり、富裕層や武家の重役クラスでもなければ手が出せなかった。

隣国ではアヘン戦争が起き、ペリーが浦賀に来た時代、社会は不安定さを増す一方で、とにもかくにも江戸の大衆娯楽は爛熟期を迎えていたのである。

明治期に大名人と呼ばれた三遊亭圓朝（一八三九〜一九〇〇）が世に出たのも、幕末のこの時代のことだ。

庶民の暮らしと寄席

再び余談である。

江戸と呼ばれていた地域は、今の東京ほどには広くない。千代田区、中央区、港区、文京区、台東区、墨田区、江東区くらいまでの狭いエリアに、広大な敷地の大名屋敷や武家屋敷、さらには寺院や神社が建ち並び、わずかな隙間にびっしりと家を建てて町人五〇万人ほどが暮らしていたのだ。

その密集した町のあちこちに、四〇〇軒もの寄席がひしめいていた。嘉永四年(一八五一)の銭湯の数が五二三軒だったので、銭湯と同じくらいの比率である。それほど身近だったというわけだ。

もっとも、当時の寄席は今ほど大掛かりなものではない。落語や演芸が好きで、席亭(寄席の主人)でもやってみようかという鳶《とび》の頭、大工の棟梁が、住まいの二階などで店開きすることが多かった。町のゴロツキと対峙することも少なくないので、コワモテで腕っぷしも強い鳶の頭などが、席亭にはぴったりだったのである。

畳敷きの桟敷は満員でも一〇〇人くらいのもの。表通りから路地一本はいっただけで、夜ともなれば静かだった。寄席興行は夜が中心。仕事を終えてから来る職人やその家族が多いのだから、それが当たり前だ。

もちろん、中にはいってもロウソクの灯りと提灯しかない。そんな場所で手品や太神楽をやって、どこまで細かいところが見えたのかと思うが、じつは人間の目は暗さに強く、小さな明かりに慣れてしまうと、大事なところくらいはけっこう見通せるものなのだ。

高座そのものは、今とあまり変わらない。両側に燭台があり、そこに火が灯っている。座布団の脇には火鉢があり、湯が沸いていて、芸人は茶碗にその湯を注ぎ、たまにノドを湿らせることもある。

寄席は今と比べれば小ぶりだったが、庶民が住んでいる家はもっと小ぶりだった。落語によく出てくる九尺二間の裏長屋は、１Ｋといえば聞こえはいいが、四畳半一間に小さな台所があるだけ。そこに家族四人が暮らすなど当たり前の時代である。

狭い家で悶々と夜を過ごすならば、近所の寄席へ出かけ、近所の人たちと一緒になって笑っているほうがいい。一家で出向いたにしても、歌舞伎と違って寄席の木戸銭はたいした額ではない。

まるで現代人が家でテレビやパソコンを見るような気軽さで、毎晩のように近所の寄席に通う。だからこそ、「この噺はこれからが面白くなるのですが、今宵はこのあたりで」という切れ場がある続き物のネタが重宝されていたのだ。

もちろん、客席には大人もいれば子どももいるので、重い噺や怪談のような怖い噺ばかりでもいけない。人気のある歌舞伎の一部を再現したり（芝居噺）、それをパロディーにして見せたり（茶番や物まね芸など）、当時の歌謡バラエティー的な出し物があったりして（音曲や踊りなど）、見飽きないように番組を組み立てた。「色物席」の魅力は、まさにそこにあったのである。

ちょっと前のテレビのゴールデンタイムが、クイズ番組、ドラマ、マンガ、音楽番組、時代劇などで構成されていたのを覚えているだろうか。日本人の娯楽に対する趣味や考え

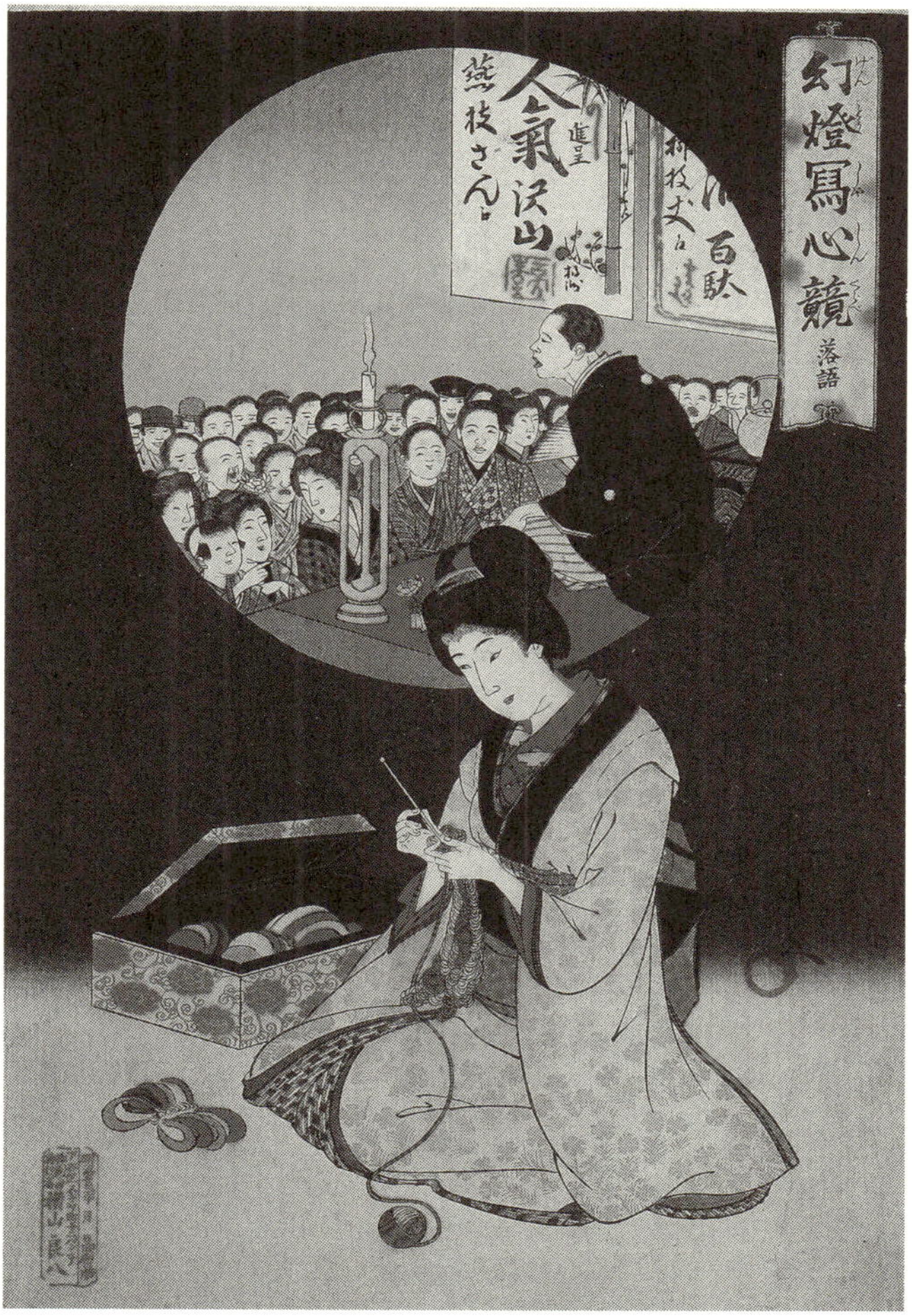

寄席の楽しさを思い浮かべる女を描いた「幻燈写心競　落語」。錦絵組物の一枚で、明治22年(1889)刊(国立劇場蔵)

方は、色物席が流行っていた当時と、じつはあまり変わらないような気がする。

テレビもラジオもない時代、暮六つ（日が暮れる夕方一八時ごろ）に幕が開き、四つころ（夜二二～二三時ごろ）に終演する寄席は、もはや庶民にとって、なくてはならない娯楽だったのである。

三遊亭圓朝が変えた落語の立ち位置

そんな呑気な時代が音を立ててガラリと変わる。

江戸無血開城の後、大名屋敷の多くが廃墟になる。官軍との戦さを恐れて人々は江戸を離れた。一〇〇万都市の人口は、一時は七〇万人まで減った。

東京と名を変えた街に人々が戻ってきたころ、近代化を急ぐ明治政府は、主だった芸人たちを呼び集めて新国家建設に協力するよう求めた。娯楽的な出し物を退け、歴史や知識を大衆に教育普及せよとのお達しだった。

幕末に『鼠小僧』や『天保六《てんぽうろっ》花撰《かせん》』（河内山宗俊《こうちやまそうしゅん》などが登場する悪党物）などを得意とし、泥棒伯圓とあだ名され人気のあった講談の二代目松林伯圓《しょうりんはくえん》（一八三二～一九〇五）は、幕末の勤王志士の秘話や、明治七年（一八七四）に起きた佐賀の乱をニュース講談にして取り上げ、新国家への協力をみせた。

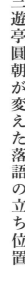

そんな中、明治の落語界を牽引したのが三遊亭圓朝である。

伯圓と同世代だった圓朝も、世の中のこうした動きに目を向け、明治五年（一八七二）、得意だった芝居噺（歌舞伎の場面を高座で再現してみせる噺）の道具一式を弟子に譲り、自らは扇子と手拭いだけを使う「舌先三寸《したさきさんずん》」の芸に専念することを決意する。

翻案物（『死神』など）を手がける一方、四年の歳月をかけて取材を重ね、上州（群馬県）の片田舎に育った少年が江戸に出て奉公し、艱難辛苦の挙句に財を成すという立志伝『塩原多助一代記』をつくり上げた。

この続き物の大ネタは、新時代をどう生きるかに戸惑っていた庶民にも好評で、たちまち歌舞伎でも上演されるほどの話題作になる。圓朝はこの新作で落語のステータスを引き上げるとともに、明治を象徴するスターの一人になっていった。

新しいメディアも圓朝の人気に注目した。明治一七年（一八八四）、圓朝口演速記『怪談牡丹灯籠』が書籍として発売されると、たちまち大ヒット。明治一九年（一八八六）には口演速記が新聞連載され、坪内逍遥や二葉亭四迷ら近代文学の担い手にも影響を与えたという。

ランプと燭台の明かりしかない寄席で見た圓朝の『怪談牡丹灯籠』が、どれほど恐ろしかったかは、小説「半七捕物帳」でおなじみの岡本綺堂《きどう》『寄席と芝居と』に詳しい。

圓朝と同じく、時代の空気を読み取った翻案物や新作落語を高座にかけた柳《やなぎ》派の初代談洲楼燕枝《だんしゅうろうえんし》（一八三八〜一九〇〇）も、忘れてはならない一人だ。三遊派と柳派、この二つの勢力が、いわば「協会」のような役割を担い、明治の落語界と寄席とを引っ張っていく。

珍芸四天王の登場

そのように書くと、いかにも寄席の世界は安泰のようだが、じつはそうでもない。

同じころ、地方からの働き手が東京にどっと押し寄せ、町の様子が変わっていた。明治初頭に七〇〜八〇万人に減っていた東京の人口は、明治一一年（一八七八）には再び一〇〇万人を超え、以後、毎年数万人単位で増えていく。

そうした人々にとって、圓朝をはじめとする大看板の人情噺や続きもののネタの長講は、あまり面白いものとは映らなかったようだ。彼らが求めたのは、予備知識なしに楽しめる滑稽やナンセンスだった。

その気配を察して登場したのが「珍芸四天王」と呼ばれる若手の落語家たちだ。

圓朝の弟子の三遊亭圓遊（一八五〇〜一九〇七）は、一席終えるといきなり立ち上がり、尻っぱしょりして半股引を見せ、唄いながら踊り始めた。

「そんなこっちゃなかなか真打にゃなれない、アンヨを叩いてせっせとおやりよ」

滑稽な文句に合わせて、足を叩いたり、自慢の大きな鼻をちぎって捨てる仕草を見せながら動き回る。「ステテコの圓遊」の誕生だ。半股引がステテコと呼ばれるようになったのも、この踊りが語源になったらしい。

続いて圓朝門下の圓橘《えんきつ》の高弟、三遊亭萬橘《まんきつ》（一八四七〜九四）が、これまた珍妙な文句で踊り始めた。

「太鼓が鳴ったら賑やかだ、大根《だいこ》が煮えたらふろふきだんべえ、へらへらへったらへらへらへ」

赤い帽子に赤い扇子を持ってこれを踊ると、客席は大騒ぎになり、「ヘラヘラの萬橘」と呼ばれた。

余談だが、この「ヘラヘラ踊り」は大正末から昭和初期に大阪の名料亭・南地《なんち》大和屋に伝わり、お座敷芸として盛んに披露されてきた。決めのしゃちほこ立ちの後には「ステテコ踊り」までもがメドレーで続く。今は大阪南地にも芸者が少なくなり、上方舞の山村流がこの踊りを預かり、大阪文化として継承している。

圓遊、萬橘の珍芸が評判になると、後に続く者が出てきた。

やはり圓朝門下の四代目 橘家圓太郎《たちばなやえんたろう》（一八四五〜九八）は落語家ではなく音曲師《おんぎょくし》（寄席囃子を利用してノドを聞かせる芸。今は継承者がいない）だが、馬車の御者が吹く真鍮のラッパを吹いて高座に上がり、都々逸や小唄を聞かせ、その合間にも「おばあさん、アブない。プップー」とラッパを吹いた。

人呼んで「ラッパの圓太郎」。明治の馬車を「圓太郎馬車」、大正期に普及した乗り合いバスを「圓太郎バス」と呼んだのも、この珍芸が語源になったものだ。

四代目立川談志（?〜一八八九）は、高座を終えると羽織をうしろ前に着て、座布団を二つに折って脇に抱えて踊り出した。

「そろそろ始まる郭巨《かっきょ》の釜掘り、テケレッツのパア、アジャラカモクレン、キンチャン（客のこと）カーマル（集まる）、席亭喜ぶ、テケレッツのパア」

珍妙な踊りや文句が話題になり、「釜掘りの談志」の異名がつく。

この四人を目当てに寄席に人が詰めかけたから堪らない。四人は引っ張りだこになり、人力俥をチャーターして、日に一〇軒以上掛け持ちするなど当たり前だったという。

ちなみにステテコの圓遊は、珍芸だけで売った三人と違い、あくまでも噺家本来の道を逸脱することはなかった。『野ざらし』『干物箱』といった滑稽落語を得意とし、古典落語の改作にも力を発揮した。今ある『船徳《ふなとく》』などは、長編の人情噺だったものに圓遊が手を入れ、滑稽噺に直したものだ。圓朝と圓遊は、恐らく最後まで趣味は合わなかっただろうが、時代や社会に合わせて新しいものをつくったという意味では、やはり師弟なのである。

夏目漱石も圓遊の明るさと滑稽を愛した一人だった。後にその対象は、圓遊とは真逆の渋い芸風の持ち主だった三代目柳家小さん（一八五七〜一九三〇）に移るが、『吾輩は猫

『Au Japon』に掲載された明治の寄席。同書は、長谷川武次郎が在留外国人に日本の伝統文化を紹介するために出版したもので、明治32年(1899)刊。著者のジュール・アダンはフランス領事館の一等書記官だった人物で、寄席にも高い関心をもっていたという（すべて『Au Japon』所載、国立劇場蔵）

当時の寄席の外観を描いたもの。二階の庇に「つるし」と呼ばれる看板があり、圓朝の名が書かれている

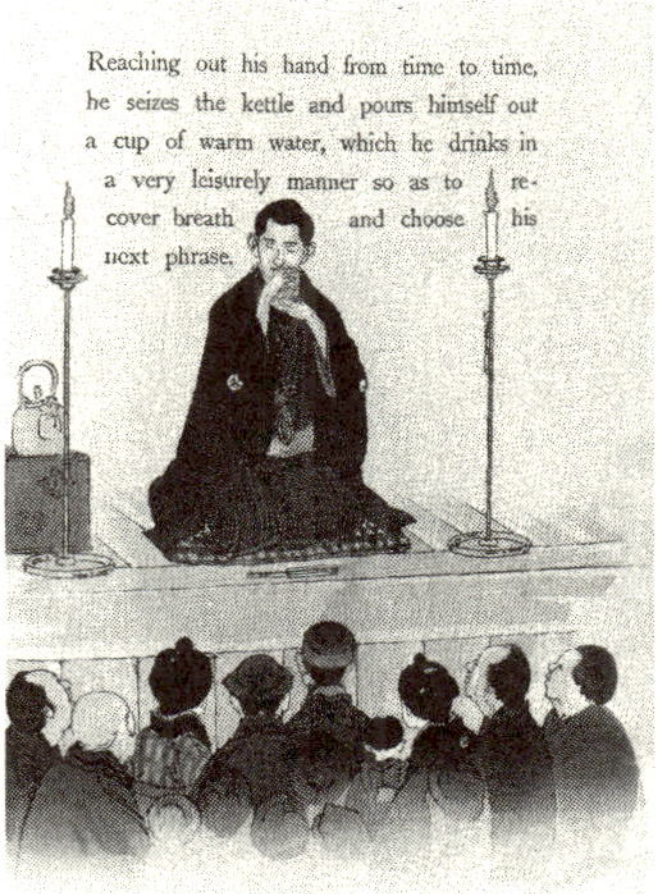

燭台に火が灯り、落語家の脇には火鉢が置かれている

二階の桟敷に上がる観客を描いたもの。高座では三遊亭圓遊がステテコ踊りを踊っている

である』の軽妙な文体は、小さんよりも圓遊の落語に近いものかもしれない。

「落語研究会」が発足

さて、若手の異端の芸ばかりが注目されるようになると、面白くないのは本格派の大真打だ。

圓朝の没後、東京の人口がすでに二〇〇万人を超えていた明治三八年（一九〇五）、三遊亭圓左《えんさ》（一八五三〜一九〇九）らが発起人になり、日本橋の「常盤木倶楽部」で、時事ネタのようなクスグリ（ギャグ）を入れない江戸古来の落語を聞かせる目的で、第一回の「落語研究会」を開いた。出演したのは、圓左、夏目漱石が愛した三代目柳家小さんなど本格派六人だ。

どうせ客は来ないと、出演する六人から会費を集めて会場費に充てるつもりでいたところ、驚いたことに客席は超満員になる。本格的な落語を聞きたいという客が多いことに勇気づけられ、六人はたっぷりと落語を語ったという。

「爆笑派」と「本格派」、「異端」と「正当」とのせめぎ合いは、このときに始まった。

爆笑派が新しい客層を掘り起こし、本格派がその芸で寄席の客を魅了する――そんな好循環が生まれればいいが、なかなかそううまくは事が運ばないのが世の常だ。しかし、どちらか一方だけが勝ってしまったら、寄席の魅力は半減する。落語や寄席そのものが低迷する時期には、爆笑派や本格派の看板など、ただ無力なものでしかなくなる。

実際、明治二五年（一八九二）ころから浪曲（浪花節）が注目を集め始め、日露戦争勝利の余韻も冷めない明治四〇年（一九〇七）、桃中軒雲右衛門《とうちゅうけんくもえもん》（一八七三～一九一六）が『義士伝（忠臣蔵）』を語るようになると、それが時代の気風にも合い、人気は一気に爆発。東京の浪曲師の数が落語家や講談師を抜き、浪曲専門の寄席も増えた。

落語にとって、苦難の時代が始まったのである。

外国人芸人や泥棒談義

明治三八年（一九〇五）刊行の『東京市編纂　東京案内』によれば、東京府内の人口一九七万人に対して、寄席は全部で一四一軒（色物寄席七八軒、講談二九軒、浪曲三〇軒、義太夫三軒、祭文《さいもん》一軒）とある。

大工の手間賃が一日一円を欠けるくらいの時代に、寄席の木戸銭は一〇銭なので、手軽な娯楽であったことは江戸時代と変わらない。そして明治の東京にはあいかわらず、勤め人よりも個人営業の職人が多かった。

この時期、色物寄席では落語以外にどんなことをしていたのだろう。後に鈴本演芸場の大旦那と呼ばれた鈴木孝一郎（一八八〇～一九六一）の『寄席主人覚え書』（東京新聞一九五七年九月三日～）と、新宿末廣亭を創業した北村銀太郎（一八九〇～一九八三）の『続　聞書き・寄席末広亭』から、面白いところを拾ってみよう。

明治らしいところでは、外国人芸人がいたことが挙げられる。舶来人情噺の初代快楽亭ブラック、高座で踊ったジョンペール、義太夫のヘンリー・ペロット、珍芸のジョンデー、さらには都々逸や「さのさ」を唄う白系ロシア人姉妹、中国体技（恐らく曲芸）の張来貴、奇術の李彩などがいて、カタコトの日本語で高座をつとめた。

女義太夫にも人気があった。もともとは義太夫専門の席に出ていたのだが、竹本綾之助（一八七五～一九四二）の登場で火がつき、何人もの語り手が出てくると、色物として寄席にも出演するようになった。出てくるだけで場内の雰囲気が明るくなる。ブロマイドもよく売れた。聞かせどころになると客席から「どうする、どうする」の声がかかり、太夫が袖に引っ込むと、ファンも席を後にする。この「どうする連」と呼ばれる若者が人力俥の後押しをして、寄席から寄席へと練り歩いたという話も伝わっている。

色物の大看板といえば、五歳で高座を踏み三遊亭圓朝に認められ、ヒザ替わりを長くつとめた浮世節《うきよぶし》の立花家橘之助（一八六六～一九三五）だ。とにかく三味線が巧く、かちかち山の物語をパロディーにした「たぬき」の演奏で、寄席のトリを何度もつとめた。

変わったところでは、元泥棒や元囚人が色物として高座をつとめていたことだ。おこの殺しの松平則義、箱丁殺しの花井お梅、前科一四犯の義賊明治小僧、イカサマばくちの馬関寅、説教強盗の妻木松吉……などの名が残っている。悪事を懺悔して、その手口を明かし、手を染めないようにと呼びかけたようだが、これはリアルなだけにちょっと楽しそうだ。

明治の終わりには、「源氏節」や「安来節」が流行った。若い娘が何人かで一座を組み、手踊り芝居をして、最後は総踊り。当初は端席《はせき》（あまり有名ではない寄席）をまわっていたようだが、やがて一流と呼ばれる寄席にも出るようになり、客を熱狂させたという。

ほかに百面相、奇術、剣舞、あやつり人形、幻燈などの芸人も出ていた。

東西交流とナンセンス落語

明治二二年（一八八九）に東海道本線が全通し、新橋から大阪まで乗り換えなしに行けるようになった。そんな変化がもたらしたものなのだろう。明治後半から大正にかけて、上方落語の多くのネタが東京に移され、東京落語として根付いている。

『青菜』『愛宕山』『浮世床』『うどん屋』『王子の狐』『お神酒徳利《みきどっくり》』『禁酒番屋』『孝行糖』『三枚起請』『松竹梅』『壺算』『猫の災難』『寝床』『初天神』『不動坊』『へっつい幽霊』『庖丁』『まんじゅう怖い』『宿屋の仇討』『宿屋の富』『らくだ』などがこの時期に大

阪から東京へと移植されたネタである。

中心になったのは、初代三遊亭圓右（一八六〇～一九二四）、三代目小さん、三代目蝶花《ちょうか》楼馬楽《ろうばらく》（一八六四～一九一四）、三代目三遊亭圓馬《えんば》（一八八二～一九四五）など、いわゆる本格派、正当派の面々。圓馬は東京落語と上方落語の両方を器用にこなす、まさにバイリンガルだった。

旅の噺、茶屋遊びの噺、食べ物の噺、店の主人と奉公人の噺など、上方には東京落語にはないようなネタが多い。その数あるネタの中から、誰が聞いても面白いと思うようなものを選び、うまくつくり直してくれたと思う。今やすっかり東京落語の定番になったものが多く、これがなかったら寄席はどうなっていただろう。

大正時代にはいると、爆笑派にも新たな人材が出てきた。初代柳家三語楼（一八七五～一九三八）は、マクラに英語を使い、ナンセンスなクスグリで笑いを誘った才人だ。ふつうに落語を語っても巧かったというのだが、邪道といわれながらも我が道を歩んだ。

そこにユニークな門弟も集まった。柳家金語楼（一九〇一～七二）、初代柳家権太楼（一八九七～一九五五）、七代目林家正蔵（一八九四～一九四九）などがそうだ。のちに昭和の名人とうたわれた五代目古今亭志ん生（一八九〇～一九七三）もその列に加わる。

ハイカラ落語の金語楼は、兵隊落語で売り出し、有崎勉のペンネームで滑稽噺から人情噺まで創作した人。晩年はテレビにもよく出演し、全国区で顔が売れた。権太楼も滑稽噺の名人で、漫画家の田河水泡《たがわすいほう》作の『猫と金魚』というナンセンスなネタを得意にしていた。七代目正蔵は、時事ネタをギャグにして売れた人。初代林家三平の父で、当代正蔵、三平の祖父。三平の「どうもすいません」のフレーズを先に使っていたのは父だった。

世の中が便利になると寄席の客が減る

寄席に電燈の明かりが灯り、市電が街のあちこちを便利に結び始めた大正時代。ネタの幅が広がり、ハイカラな人材が増え、色物も賑やかにはなったのだが、じつは寄席や落語にとっては受難の時期だった。

身近なところでは、日露戦争を境に浪曲が全国区で人気を博し、浪曲専門の席が増えた。講談もまだ根強い人気がある。でも、それだけが理由ではない。

映画（活動写真）が始まり、浅草オペラやオペレッタ、神宮球場の早慶戦、国技館での大相撲、帝国劇場での芝居などにも人気が集まり、大衆娯楽は一気に多様化していった。浅草六区の興行街、銀座や有楽町あたりの繁華街に光が当たれば、電燈が点いて明るくなったくらいの寄席に人は戻ってこない。

市電やバスが走り、歩かずに移動できるようになったことも大きい。人々の行動範囲は広がり、人気のある芸人が出るとなれば、近所の寄席の前を素通りして、乗り物に乗って別の寄席に行ってしまう。

大正一一年（一九二二）ころから、上席・中席・下席で番組を変える寄席の一〇日興行が定着し始めたのも、スピード時代に合う番組づくりが求められていたからなのかもしれない。東京の寄席に出囃子が導入されたのも、この時代からである。

世の中が第一次世界大戦の影響による大戦景気、大戦バブルに沸きかえる中、人気者は注目されただろうが、寄席の人気は相対的に落ちていった。明治の初めには四〇〇人いた落語家も、その半分に減った。そのおかげで落語界には内紛も多く、離合集散を繰り返し、反目が生まれ、若手は売れるきっかけを見つけられずに右往左往することになる。

寄席が映画に食われる

大正一二年（一九二三）秋、関東大震災が起こる。

震災を境に大きく変わったのは寄席だ。下町の細い路地の奥で興行していた、昔ながらの「路地構え」の寄席の多くが焼失。この路地というのが、傘を差したらすれ違えないほどの細さで、そういう場所だから地価も安く、寄席を開きやすかったのだ。

ところが、防火や防災の観点から、出入り口が幅三間（約五・五メートル）の道に面した場所に建てること、という通達が警視庁から徹底され、路地構えの寄席の多くが再建できずに店を閉じた。

震災復興のために多くの人が東京に流入し、街の姿も様変わりする。人口は大正末で四〇〇万に達し、昭和初期には五〇〇万人を超えた。

東京は外へ外へと広がり、私鉄や省線（現ＪＲ）沿線にある郊外に住む人も増えていった。乗り換えのターミナルである新宿や渋谷が繁華街として成長したのは、大正末のこの時代からだ。

大正一四年（一九二五）、東京放送局（ＮＨＫの前身）が開局。ラジオが普及するにつれて、寄席の受ける打撃は次第に大きくなり、落語が放送される日は寄席がガラ空きになることもあった。街の姿が代わり、新しいメディアが生まれ、寄席がいちばん身近な娯楽だった時代は過去のものになってしまった。

昭和四年（一九二九）には世界恐慌が起こる。それに端を発した不況と緊縮財政で、寄席の客は激減。一流どころでも不入りの日が続いたという。だが不況だけが原因ではなかったようだ。音声もはいった映画（トーキー）を上映する映画館も登場し、人々は新たな娯楽に飛びついていたのだ。

昭和七年（一九三二）ころの東京の寄席の数は一一四軒。うち講談席八、落語色物席三六、その他七〇。明治末からの四半世紀の間に、寄席は数を減らし、特に落語色物席と講談の席は、大きな打撃を受けていた。

禁演落語と敗戦

昭和ヒトケタの街の明るさ賑わいは、どこか幻のようなものだったのだろう。

繁栄を維持するには資源が必要だ——自衛のための戦いだとして中国に進出した日本は、国際的に孤立。欧米から経済制裁による圧力をかけられ、それに耐えきれずに暴走する。昭和一三年（一九三八）には国家総動員法が成立。その二年後には政党を解散して大政翼賛会を創立し、軍部を中心にした独裁制を完成。国を挙げての戦時体制に突入した。

その影響は演芸界にも波及し、大政翼賛会の指導により、愛国浪曲、国策落語がつくられ、演じられた。『国防酒』『防空演習』『出征祝』『大陸の花嫁』……、いわゆる国策落語のネタだが、こういうものが聞きたくて寄席に来る人は、当時もいなかった。しかし、お上のいうことに逆らうと後が怖いのは、江戸時代からのトラウマだ。

戦時中、浪曲と講談は、じつは優遇されていたという。忠義、滅私奉公、主君の仇討などをテーマにした読み物・演目は、そのまま高座にかけても時世に合う。浪曲や講談の大看板が慰問に派遣されるときには、中尉、少尉と同じ尉官待遇を受けて航空機なども利用できたが、落語家はそれより下の軍属の待遇で派遣されたらしい。

そんな弱い立場を少しでも変えたいと思ったのかもしれない。昭和一六年（一九四一）

本法寺にある「はなし塚」。戦時中に封印されていたネタは、昭和21年(1946)9月30日、「禁演落語復活祭」によって解除された。しかし、GHQの指令により、昭和22年（1947）5月に仇討ちや婦女子を虐待するネタ22席が再び封印された。それらが解除されたのは昭和28年(1953)のことだ

寄席には縁が深い寺で、本法寺の塀には落語家や色物、寄席や放送局の名が刻み込まれている

一〇月三〇日、浅草寿町の本法寺に「はなし塚」を建て、東京の落語家は一致団結して大事なネタ五三種を「禁演落語」として、この塚に葬ってしまう。芸者遊びの噺、妾が出てくる噺などを、愛国的ではないとして自発的に禁じてしまったのだ。

この年一二月に日米開戦。後に彦六になった林家正蔵の『八代目正蔵戦中日記』によれば、開戦してすぐは景気が浮揚し、寄席は賑わったという。

しかし、この間、入門してくる若者もほとんどない。国家総動員体制が敷かれた昭和一五年（一九四〇）、警視庁は俳優、舞踊家、邦楽演奏家、落語家、講談師、漫才師、神楽曲芸師、奇術師に「技芸者の証」（一種の免許のようなもの）を与えた。もちろん、そのような免許を健康な若者に与えるつもりはない。若者は兵士になったり、軍需工場で働いたりして、国に協力するのが当たり前の時代だった。

それから四年を待たずに東京は燃やし尽くされ、廃墟同然になる。連日の空襲で落語家や色物芸人が亡くなり、寄席の多くは再び焼失した。

落語の時代の幕開け

昭和二〇年（一九四五）八月、敗戦。

その年の一二月、講談落語協会の名のもとにまとめられていた落語界は、東京落語協会

(現・落語協会)と日本芸術協会(現・落語芸術協会)に再編され、新たなスタートを切った。

焼け残った寄席は「人形町末廣」くらいだったが、その年の一二月には「上野鈴本」が仮営業を始め、翌年には「新宿末廣亭」も開館。やや時代が落ち着いてから、神田の「立花亭」「浅草末廣亭」「新富演芸場」「三河島まつみ亭」などもできてきたが、残念ながらあまり長くは続かなかった。

戦後の落語ブームのきっかけをつくったのは三遊亭歌笑《かしよう》(三代目)だろう。「われ父の胎内より母の胎内に潜入し、さらに母の胎内より、この地球上に原形を現したるころは……」で始まる、それまでの落語にはない滑稽でリズミカルな『歌笑純情詩集』は、ラジオを通してファンを増やし、寄席にも足を運ばせた。斜視で独特の風貌をした歌笑は時代の寵児となったが、昭和二五年(一九五〇)、銀座で米軍ジープにはねられ即死する。

昭和二〇年代半ば(一九五一〜五四)に民放ラジオ局が開局すると、落語ブームに一気に火がつく。かつては寄席のライバルだったラジオが、この時期は味方した。桂文楽(八代目)、三遊亭金馬(三代目)、三遊亭円歌(二代目)、古今亭志ん生(五代目)、三遊亭圓生(六代目)、古今亭今輔《いますけ》(五代目)、桂三木助(三代目)、三笑亭可楽(八代目)、林家正蔵(八代目、後の彦六)といった明治生まれの大看板が注目され、落語の良さが人々に認識されていった。寄席の数こそ少なかったが、ラジオ局との専属契約などで、落語家の懐もだいぶ温まっていたようだ。歌笑と同世代ながら大名跡を襲名した柳家小さん（五代目）も、めきめきと頭角を現していく。

こうなると居心地のいいホールでゆったりと落語を楽しみたいというニーズが生まれ、「三越落語会」「東横落語会」「東京落語会」といった、いわゆるホール落語会が開かれ、落語はある種の芸術として意識されるようにもなる。

もちろん寄席も賑わっていたのだ。色物には、紙切り芸を創始した林家正楽（初代）、三味線都々逸で一世を風靡した柳家三亀松《みきまつ》、話術にも長けた奇術師のアダチ龍光《りゅうこう》、落語浪曲で売れた二代目広沢菊春《きくはる》、水芸も得意な日本手妻の一徳斎美蝶、浮世節の西川たつなど、唯一無二の芸人が揃っていた。一方で、尺八を吹かずに持ったままパントマイムで笑わす立花家扇遊、音曲師（三味線は持たずに高座で唄う）の柳家小半治、喋りだけで笑わせる漫才のリーガル千太・万吉などの渋い名人芸もあった。

神武景気とか三種の神器ということばが流行した昭和三二年（一九五七）、戦後に入門した林家三平（初代）と三遊亭歌奴（後の三代目圓歌）が、二ツ目で上野鈴本のトリをとった。寄席で真打以外がトリをとるのは異例だが、三平は漫談を並べた「リズム落語」と呼ばれる独特のスタイルで、歌奴は『授業中』『浪曲社長』などの新作で爆笑を誘い、新たな客層を寄席に引き入れるパワーを持っていた。

戦時中まで人気のあった浪曲や講談は、国策に乗じたという印象もあったのか、この時期、すっかり人気が衰退してしまう。その一方で落語の入門者は増え、やがてそれが新たな問題を引き起こすことになる。

『笑点』をつくった立川談志

街頭テレビが話題になったのは昭和二八年（一九五三）。昭和三〇年代半ばにはテレビ番組に落語家が登場するようになり、寄席中継や大喜利のコーナーもあった。

それを二ツ目の食えない時代に、じっと見ていたのが立川談志（五代目）だ。

真打に昇進してすぐ『現代落語論』を著して注目され、昭和四〇年（一九六五）三月から『金曜夜席』という深夜番組をプロデュースし、司会も担当する。大喜利で出てくるウィットや皮肉に富んだ珍答の数々が話題になり、翌年、日曜夕方の時間帯に昇格。これが『笑点』の始まりだ。

後に番組の方向性を巡ってスタッフや出演者と対立し、番組を離れることになるのだが、落語家を超えた存在としてのキャラクターはここに定まり、参議院選挙に立候補したことによって、それはたしかなものになった。

春風亭柳朝《りゅうちょう》（五代目）、三遊亭圓楽（五代目）、古今亭志ん朝（三代目）、月の家円鏡（八代目橘家圓蔵）、それに談志を加えた五人は、いつしか三平、圓歌に次ぐ戦後入門の大看板として注目されていく。

当初はいくつもあったテレビの落語・寄席番組には、インパクトのある存在として色物芸人も数多く登場した。「おめでとうございまーす」でおなじみ太神楽の海老一染之助・染太郎、動物物まねの江戸家猫八（三代目）、春日部生まれの紙切りの林家正楽（二代目）などがその代表だろう。

テレビで身近な存在になった落語家や芸人を見ようと、寄席にも人が溢れた。一方、メディアで取り上げられた芸人かどうかで、売れっ子かそうでないかを判断し、興味の持ち方も変わる。そのような価値観が生まれた時代でもあった。

そんな空気の中、江戸時代から続いた畳敷きの寄席である「人形町末廣」が閉館（一九七〇年）。人形町というところは、もともとは繁華街だったのだが、都電の廃止が相次ぎ、他の繁華街に比べれば行きにくくなり、それで客の入りが悪くなっていたようだ。

その直前、「池袋演芸場」もあまりに人が来ないので閉めようとしたことがあるが、落語協会のメンバーだけが出演する寄席として、辛うじて残った。詳しくは後述する。

この時点で都内の色物寄席は、「上野鈴本」「新宿末廣亭」「浅草演芸ホール」「池袋演芸場」、有楽町の東宝演芸場でやっていた「東宝名人会」の五か所になった。

落語協会分裂騒動と談志一門の脱退

人気者の登場で入門者が増えた落語協会は、大量の二ツ目を抱えていた。これまでのように春秋に一人ずつ真打昇進させていると、生涯昇進できない者も出てくる。

昭和四八年（一九七三）、圓生に変わって新会長になった小さんは、春に一〇人、秋に一〇人を昇進させる。いわゆる大量真打昇進の時代が始まったのだ。

前会長の圓生は「真打は乱造するものじゃない」と反対したが、小さんは「一定の修業期間を終えたら昇進させたほうが当人のためになる」と多数決で押し切った。

しかし、翌年からしばらくは従来の方式に戻したので、当然、真打になれない二ツ目の数が増えた。昭和五三年（一九七八）秋、小さんは再び一〇人昇進を理事会に諮る。圓生との間に前回と同じ議論が繰り返されたが、火急の問題だからと小さんはやはり多数決で押し切った。

激怒した圓生は脱退を決意。それに弟子の圓楽も従う。さらに圓生に心酔していた志ん朝、新協会をつくって上席・中席・下席を一〇日ずつ担当すれば寄席に活気が生まれると考えていた談志も加わり、話はどんどん膨らんでいった。

新協会創立のためにメンバーを募り、寄席の席亭との議論も始まる。こうなると落語協会だけの問題ではない。寄席の出番を減らされては困るというので、落語芸術協会も猛反対する。落語協会は芸人の流出阻止に躍起になる。

圓生、圓楽、談志、志ん朝というメンバーは魅力的で、席亭の中には新協会を支持する意見もあったのだが、結局は誰を会長にするかで内紛があり、言い出しっぺの談志が新協会に見切りをつけ、師匠の小さんに詫びを入れて落語協会に戻ってしまう。これで話は壊れ、志ん朝も協会に戻り、圓生とその一門だけが取り残されてしまった。

このことで圓生一門は、寄席の世界からはじき出され、フリーの立場としての活動を強いられる。師弟は必死で全国に落語を演ずる場を求めて出かけるが、そんな矢先に過労だったのだろう、圓生が他界。

これを機に一門の多くは落語協会に戻ったが、圓楽一門だけは独自に会派をつくり、活動を続けた。後に林家九蔵（三遊亭好楽）が落語協会から移籍。圓楽は東陽町に寄席若竹をつくって一門の修業の場としたが、採算が取れずに四年余で閉館した。

これが世にいう「落語協会分裂騒動」である。ところが、この影響はさらに続く。

騒動に懲りた小さんは、真打昇進のための試験制度を導入する。といっても形式的なもので済ますつもりだったのだが、どうせ全員合格なのだから無駄だとマスコミに騒がれ、昭和五八年（一九八三）五月の試験で六人を落第させる。落ちたのは師匠に先立たれた三人と、志ん朝の弟子、談志の二人の弟子だった。

「俺の弟子が劣っていたわけがない」と怒った談志は協会に理由を尋ねるが、納得のいく回答が得られない。談志は落語協会を脱退し、寄席での活動に別れを告げ、独自に活動を始めることを決める。

東京の落語界に、落語協会、落語芸術協会、五代目円楽一門会、落語立川流という四つの団体があり、円楽一門会と立川流は上野、新宿、池袋、浅草の寄席に出ることがないというのは、これだけの経緯があったからだ。

分裂騒動、名人圓生の死、春風亭小朝の大抜擢昇進、談志一門脱退……とテレビや新聞を賑わすニュースが続き、じつはこの時期の寄席は多くの客を集めていた。若い人たちの姿も目立つほどの人気だったが、報道が収まるとともに徐々に客足が遠のき、昭和末から平成に至る時期の寄席は、やや入りが寂しかった。

ときはまさに平成バブルの時代。Ｊリーグができ、Ｆ１グランプリがブームになり、海外から大物タレントが押し寄せた。小劇場やミニシアターブームも起こり、寄席や落語よりも楽しそうなことが世の中にはいくらでもあった。

この時代に、落語がどれほど世間から遠ざかり、若い人から距離を置かれていたのかを知るには、平成四年（一九九二）に真打昇進した春風亭昇太の『悲しみにてやんでい』や、平成一二年（二〇〇〇）に真打昇進した柳家喬太郎の『純情日記池袋篇』などを聞くといい。時代の雰囲気が、何となくわかる。

落語ブームと地域寄席の広がりの中で

落語や寄席に対する冷淡な空気がちょっと変わったのが、テレビで『タイガー&ドラゴン』や『ちりとてちん』などのドラマが放送されたあたりからだ。

当時、パルコ劇場公演を成功させた立川志の輔、小説『赤めだか』が大ヒットした立川談春という、寄席育ちではない落語家が注目を集めていたが、その一方で、SWA（創作話芸アソシエーション）と名づけた会で新作落語を発表し続けてきた昇太、喬太郎、三遊亭白鳥、林家彦いちなどが、ひと回り図太くなって寄席の高座に向かう姿が新鮮だった。

四人を代表とする若手真打たちが自由に落語を語り始めたことで、寄席は予備知識なしに楽しめる場所なのだという雰囲気が少しずつ広がっていった。談志門下の志の輔や談春は、もともとそれを視野に含めて落語会をプロデュースしていたところもある。

寄席好きの俳優・小沢昭一が、新宿末廣亭のゲストとして一〇日間の高座をつとめたのもこの時期のこと。こちらも大きな話題になり、連日立ち見が出るほどだった。

色物にも変化があった。M－1グランプリで毎年のように決勝に残っていたナイツが、落語芸術協会の寄席にも出るようになったのだ。漫才といえば大阪のコンビばかりが目立っていたが、ナイツの存在が東京漫才にも目を向けさせた。浅草の東洋館でナイツとともに腕を磨いたロケット団、宮田陽・昇、ホンキートンクといった若手コンビも、落語の寄席に出ている。

震災の翌年に大抜擢で真打昇進した春風亭一之輔は、今や落語界の大看板の一人として、寄席にはなくてはならない存在になっている。

寄席の数こそ一一軒になってしまったが、寄席以外で開かれる落語会は格段に増えている。大きなホールで開催されるものもあれば、飲み屋やカフェで開かれる小さな会もある。落語や講談、浪曲が好きで、会のプロデュースをする人の数も増えているのだ。二ツ目の若手がよく伸びるのは、そうした人たちの支えによるところも大きい。

かつて若手落語家といえば、高座で落語を語る機会はほとんど与えられず、キャバレーの余興や結婚式の司会で糊口をしのぐことが多かった。今の若手はそうではない。もちろん全員というわけにはいかないが、落語を生業にしながら修業できるようになってきたのである。

こうなると、寄席が一一軒しかなくても、高座の数そのものはある程度足りていると見ていいのかもしれない。住んでいる地域の近くには、よく探せば必ず、落語や講談や浪曲をやっている場がある。そういう場は確実に増えている。

だが、それで安心していていいのかどうか。災害に見舞われればもちろん、政治、社会の変化によっても、寄席演芸はかんたんに影響を受ける。下駄履きで遊びにいける定席が、上野、新宿、浅草、池袋の四軒しか残っていないというのは、もはや最低ラインに近い。

寄席と同じくらい身近だった銭湯についていえば、平成元年（一九八九）に二〇〇〇軒あった都内の銭湯の数は、平成二九年（二〇一七）には五六二軒まで減っている。

いつでも行けると思っていると、ある日、後悔することになるのかもしれない。

四

寄席のある街

上野

広小路に響き渡るハネ太鼓の音色

鈴本演芸場の名物。それは、夕方と夜に外にまで鳴り響くハネ太鼓の音色だ。ハネ太鼓は「追出し太鼓」とも呼ばれ、トリの一席がハネた（終わった）と同時に、楽屋で打ち鳴らされるのがふつうだ。鈴本ではこれを、楽屋ではなく外で打つ。正しくいえば、大通りに面したテケツの上に大太鼓（大胴《おおど》）を据え付けた場所があり、前座が梯子でよじ登り、そこで打つのである。まるで大相撲の櫓太鼓《やぐらだいこ》のような風景である。

トリの落語を聞き終えた客が、三階にある劇場からエレベーターやエスカレーターで下に降りると、ちょうどハネ太鼓が鳴っているというタイミング。多くが木戸を出るまで、この音は鳴り続ける。もちろん、大通りを歩く一般人も、落語家が着物姿で太鼓を打つところを見ることができる。昼の部の終演が夕方の一六時半、夜の部が二〇時四〇分くらい。昼と夜の開場前に叩く一番太鼓もここで打つので、日に四度、この由緒正しい音色が上野

鈴本演芸場の外観。ビルの１階にテケツとモギリがあり、
エレベーターやエスカレーターで上がった３階が客席

将軍家が寛永寺へ参じる際に通った御成街道だった大通りに面して建つ。写真左側に鈴本演芸場、正面の木立は上野公園

の街にこだまするのだ。

ちなみに上野の山に登ると、朝と昼と夕方、日に三度、寛永寺の「時の鐘」を聞くことができる。鐘撞堂《かねつきどう》のある場所は日本料理の韻松亭《いんしょうてい》の裏手あたり。ちょうどその時間に大仏山に登って待つといい。

街の様子はすっかり変わったが、寄席の一番太鼓やハネ太鼓、そして寛永寺の時の鐘という、江戸時代から変わらぬ音風景が今も変わらずに残っているというのが面白いではないか。

始まりは幕末の安政時代

鈴本演芸場の歴史は古い。幕末の安政四年（一八五七）に創業といわれているが、それよりも昔、水野忠邦による天保の改革（一八四二）で廃業を免れた古席一五軒に含まれていたともあり、それが正しければもっと古い。

安政時代は「軍談席本牧亭《ほんもくてい》」、つまり講談席だったようだ。席を開いたのは鈴木龍助（一八二七〜一九一〇）だ。近くに「金沢」という店があり、その向かいにあるから「本牧」と名づけた――という説明では意味不明だとは思うが、不忍池《しのばずのいけ》とその周辺を横浜に見立てて付けた名前なのだ。本牧も金沢も、横浜周辺の海辺の町の地名。開港したばかりの横浜は、江戸の庶民にも聞こえた新名所として、大きなブランド力を持っていたのである。

本牧亭があった上野広小路は、将軍家墓所がある寛永寺の門前町として賑わった土地だ。当時は、今の国立博物館から西郷隆盛像あたりまで広がる上野の山全域が寛永寺の境内だった。一年を通して多くの参詣人が訪れ、門前には旅館や宿坊、料理店や食べ物屋台も多かったという。

戊辰《ぼしん》戦争で彰義隊《しょうぎたい》がその寛永寺に立てこもり、激しい銃撃戦が繰り広げられ（上野戦争）、しばらく町は寂れたが、やがて寛永寺跡地が上野公園や博物館に変わり、明治一六年（一八八三）に上野駅ができると再び街は活気づく。

講談の席として始まった「本牧」は、明治の初めに落語色物席「鈴本亭」となる。姓の鈴木の「鈴」と本牧の「本」をとってつけた名だ。二代目龍助（一八五七〜一九二五）がその「鈴本亭」を盛んにし、主だった寄席の一つとして東京の演芸史を支えてきた。今とは大通りを境にして反対側にあったようだが、「路地構え」の小さな寄席が多かった時代に、一階にテナント、二階と三階を劇場にして、喫煙室のガラス窓をステンドグラスにしていたというから、じつにモダンな建物である。

震災で焼け、戦災でも焼けたが、敗戦の年の一二月、仮設会場で営業を再開。すぐに今の場所に木造二階建ての建物を建てた。戦中・戦後の時代を支えたのは三代目の鈴木孝一郎（一八八〇〜一九六一）。玄関脇に坪庭と小さな喫茶スペースもある当時の建物は、なかなかに風情があったと聞く。

昭和四六年（一九七一）、五代目の鈴木肇の時代に、現在の四階建てのビルに生まれ変わる。テナントを入れた多角経営は、長く寄席を維持していこうという決意の表れでもあろう。

テケツで入場料を払い、モギリを抜けて、エスカレーターやエレベーターで上がった三階が寄席。ロビーは広々としていて、トイレも広い。売店には弁当やビールもある。客席数は二八五席。緩やかな傾斜があり、どこに座っても高座がよく見える。

若手や中堅真打が腕を磨く場

鈴木は現在、落語協会所属の芸人だけで番組を組んでいる。

もともとは他の席と同様、落語協会と落語芸術協会とが交互に番組を組んでいた。昭和三〇～四〇年代には「上野＋浅草」が落語協会ならば、「新宿＋池袋」が芸術協会という具合だ。

ところが昭和五九年（一九八四）、やや不振だった芸術協会の番組に何人か落語協会の若手を入れて目玉を増やしたいと鈴本が提案したことがきっかけで、両者の関係がギクシャクし、芸術協会側が出演を取りやめる騒ぎが起きる。落語協会の分裂騒動、立川談志一

昭和9年(1934)ごろの鈴本演芸場(写真＝毎日新聞社)

門の脱退、春風亭小朝の真打大抜擢などのニュースが一段落し、世間の注目が寄席から遠ざかった時期に起きた事件だ。悲劇といってもいい。お互いに手傷を負っての結末だが、過ぎたことはもう仕方がない。

上席《かみせき》、中席《なかせき》、下席《しもせき》で番組が入れ替わるところは、他の定席《じょうせき》と同じ。当初はどうだったかよく覚えていないが、近年はこのことが面白い番組を生み出す力にもなっている。若手が深い出番をつとめたり、トリをとる機会が多いのだ。落語協会の若手や中堅の多くが、ここで腕を磨き、自信をつけてきた。

また、他の席では「つなぎ役」を任されることが多いベテランが、トリをとる番組もあり、こんなに良かったのかと驚いたことがある。トリの責任が、芸人の底ぢからを引き出し、二倍にも三倍にも大きくして見せてくれる。

昼夜で客席の入れ替えがあるのも鈴本の特徴で、昼だけ、夜だけで番組が完結しているから、トリの重みがより増すのかもしれない。

「寄席でトリをとると、若手にグンと貫禄がつく。度胸もついてくる。そうやって若手を育てていくことが、寄席の将来のためにも大事なんだと思います」

六代目の鈴木寧《やすし》席亭から聞いたことばが印象に残る。

寄席の二〇年後、三〇年後を見据えるならば、ベテランを大事にするとともに、新たなスターを育てなければならない。トリをつとめて自信をつけた若手が、寄席の外でも活躍するようになれば、そこに新しい落語ファンが生まれる。寄席に来たことがなかった新しいファンが、お目当ての若手を見るために来てくれれば、客席にも活気が出る。

筆者も実際に、桃月庵白酒《とうげつあんはくしゅ》、柳家三三《さんざ》、春風亭一之輔らがトリをとる芝居に、恐らく寄席に来るのは初めてだろうという人々が大勢詰めかけ、紙切りや曲芸を見て「うわあ」「すごい」と素直な歓声を上げているのを見たことがある。さまざまなジャンルの芸を楽しみながらお目当てを待つというのが、寄席ならではの醍醐味。それを実地で味わっている様子が伝わってきて、ちょっと嬉しかった。若手を育てることが、新しい寄席のファンを育てることに、どこかでつながってくるのである。

大看板の長講やネタ出しの公演もある

もちろん、昔からの落語ファンのためにも、さまざまな仕掛けをしている。

ベテランの大看板による長講やネタ出し公演もあれば、年の瀬にはトリが日替わりで『芝浜』『掛取《かけと》り』など、この時期らしいネタをかける会もある。講談の宝井琴調《きんちよう》が夜の部のトリをとる「琴調六夜」も暮れの恒例だ。

かつては余一会や暮れの芝居として、「米朝一門会」や「枝雀・ざこば二人会」のような上方落語の会もあったのだが、その流れは露《つゆ》の新治《しんじ》に引き継がれているようだ。八月中席に開催される「さん喬・権太楼　特選会」では、決まって上方の新治が仲入りをつとめる。東京の定席で、一人の上方落語家が一〇日間通して出番をつとめるのは、この芝居だけだ。

その一方で、夏には「夏休み親子寄席」も催している。この親子寄席は、若手や中堅真打が落語を聞かせ、曲芸や紙切りの芸人も出るという寄席スタイルだ。子どもたちはきっと、笑ったり歓声を上げたりして、芸に応えてくれるのだろう。ここが大丈夫ならば、ふだんの公演も楽しめる。実際の寄席の客席でその楽しさを体験するところに、この芝居の肝があるのかもしれない。

ホームページの「鈴本チケット」から前売予約もできるので、人気公演や余一会など特別公演のチケットを入手したいときには活用するといい。会員登録（無料）すれば誰でもすぐに利用できる。このシステムを取り入れたことで地方からの来場が増えたという。

寄席への入門編になる芝居あり、昔からの落語ファンまでも納得させるような芝居あり、老舗の看板にあぐらをかくことなく、常に工夫をしているところが鈴本演芸場の面白さである。

そういえば、寄席の客席にテーブルを取り付けたのは、ここが最初だ。

「自宅で寄席を見ているような気分で楽しんでほしいというので、父が工夫して折り畳み式のテーブルを備えました。売店で買ってくださったものを並べたり、好きなものを持ち込んで、飲んだり食べたりしながら、気楽にご覧になってほしいですね」

と、席亭は言う。

鈴本といえば、芸人の持ち時間は長めで、いつ行っても落語や色物芸がたっぷり楽しめるという印象があったが、聞けばふつうの出番で一五分、仲入りで二〇分、トリでせいぜい三〇分というから、他の席とあまり違いはない。ひょっとしたら歴史ある鈴本の高座に上がるというだけで無言のプレッシャーを感じ、芸に深みが増すのかもしれない。

大塚鈴本と講談本牧亭

というのも、鈴本はそれだけ長い時間、寄席演芸と深くかかわってきたのだ。発表の場を与えるだけでなく、震災や戦災で生きていくのも辛い時代に、芸人を蔭で支え、娯楽の根を絶やさないように動いてきた。

上野鈴本がどれほど寄席演芸と深くかかわってきたのかを示すエピソードならば、いくつもある。昭和一六年（一九四一）九月、大塚駅前に古くからあった寄席の権利を買い取り、落語色物席「大塚鈴本」の名で復活させたのもその一つだろう。

アメリカとの戦争が始まる年にできたこの寄席は、三代目の片腕として鈴本を支えた伊藤光雄（一九〇七〜九〇）が席亭となり、演芸史に残る数々の名企画を生み出した。

柳家小さん（五代目、当時は小きん）、柳亭痴楽《りゅうていちらく》、三遊亭歌笑がそれぞれ二ツ目だったころ、いち早く「三人会」を開催し、世間に注目させたのもそうだ。若手三人はこの会をきっかけに大きく育ち、やがて戦後の落語界をリードする存在になる。

大塚に住んでいた作家の正岡容《まさおかいるる》とともに「寄席文化向上会」を発足させ、月例でユニークな企画公演を行ったのもここ。五代目笑福亭松鶴（一八八三〜一九五〇）、仁鶴や鶴瓶の大師匠に当たる人物）を呼んで上方落語の会を開き、禁演落語だった廓噺《くるわばなし》の『三枚起請』をネタ出し（事前にネタを告知すること）で口演させたこともある。よく、あのうるさい時代の警察の目をすり抜けたものだ。

その当時、客席に詰めかけた顔ぶれもすごい。俳優になった小沢昭一、落語家になった桂米朝、作家になった色川武大や都築道夫、詩人になった田村隆一などが、後年、大塚鈴本の思い出を語っている。

三月の東京大空襲で上野鈴本が焼けると、以前にも増して多くの落語ファンが詰めかけた。ところがその大塚鈴本も、翌月の東京西部大空襲で焼失してしまう。

戦後は仮設小屋で営業し、大陸から引き揚げてきたばかりの古今亭志ん生の独演会を催したという。やがて大衆演劇の小屋「大塚鈴本劇場」となったが、区画整理のため昭和四五年（一九七〇）に閉館している。

伊藤はこの時期の実績を生かし、戦後は大塚の劇場の推移を気にしながら、上野鈴本の支配人として手腕を発揮し、苦しい時代を支えた。

もう一つ、戦後の演芸ファンの記憶に残っているのは、講談専門の席「本牧亭」だろう。昭和二五年（一九五〇）、上野鈴本の近くに開館し、昼は講談の席、夜は落語などの貸席として長く営業を続けてきた。席亭は、鈴本の三代目・孝一郎の娘の石井英子。客席は畳敷きの広間で、脱いだ履物《はきもの》を預かる下足番がいる伝統的なスタイルだった。戦後、不振にあえいでいた講談界を支えたが、バブル期の土地高騰の余波をもろにかぶり、平成二年（一九九〇）に惜しまれつつ閉館。往時の本牧亭の様子は、『本牧亭の灯は消えず　席亭・石井英子一代記』（石井英子著）、さらには『巷談本牧亭』（安藤鶴夫著）や『本牧亭の鳶』（吉川潮著）などの小説に詳しい。

上野の山と落語との不思議な関係

上野という土地についても、もう少し話をしておこう。

そもそも上野といえば、江戸・東京の落語の席の発祥の地である下谷神社に近い。江戸時代から明治にかけて、多くの芸人がこの周囲に暮らし、身近な土地でもあった。そのおかげで、この界隈が登場する落語のネタは多い。

春になるとよく高座にかかる『花見の仇討《あだうち》』は、江戸時代の戯作者《げさくしゃ》（作家）で落語も演じた滝亭鯉丈《りゅうていりじょう》（瀧亭とも、一七七七？～一八四一）の作で、鯉丈の住まいもこのあたりだった。当時の寛永寺は将軍家との縁が深い格式の高い寺だったので、参詣は許しても境内でのバカ騒ぎや音曲は禁じていた。それで舞台を王子の飛鳥山に替えて口演されることが多いが、原作は上野の山だ。

明治大正期に上方落語のネタを移植する際にも、上野はよく舞台として使われた。『長屋の花見』には上野の山、『景清《かげきよ》』『崇徳院《すとくいん》』には上野の山にある清水《きよみず》観音堂、『鷺取り』『啞の釣』には不忍池。面白いところでは、バレ噺（エロティックなネタ）『なめる』に出てくる万能薬「宝丹《ほうたん》」を売る店が、今でも池之端の商店街の中に残っている。

だから、上野で落語を聞いていると、それが単なるつくり話のように思えないことがある。

ちなみに寛永寺の正式名称は東叡山《とうえいざん》寛永寺。比叡山延暦寺が京の鬼門にあって都を守っていたように、江戸城の鬼門を守り、将軍家の安泰と万民の平安を祈願するために建てられた、延暦寺と同じ天台宗寺院だ。

創建のプロデューサーは、徳川家康の側近として宗教政策にも深く関与した天海《てんかい》僧正（一五三六？～一六四三）である。天海は、不忍池を琵琶湖に見立てて、ここを西国名所のテーマパークにすることを考え、山内に京の清水寺や八坂神社（祇園舎）、琵琶湖の竹生島《ちくぶしま》の弁天堂などの神仏を次々に勧進した。さらに四季の花々を植え、夜明けから日没までは誰でも自由に参詣できる、江戸の新名所に仕立てたのである。

その建築物の多くは彰義隊の上野戦争によって焼けてしまったが、焼け残った清水観音堂や五重塔などが、後世、落語の世界に貴重な舞台を提供しているというわけだ。

現在の寛永寺は、東京藝大や都立上野高校の背後に静かに控えているだけだが、旧寛永寺境内は国立博物館をはじめ、美術館、動物園、イベント広場に変わり、江戸時代と同様、人々の憩いの場になっている。「上野は何だか古臭い」と一時期は離れていた人たちも、施設が充実する様を見て、再び戻ってきた。

そんな上野は近年、落語や演芸との縁をさらに深めている。

講談の本牧亭こそなくなってしまったが、鈴本と目と鼻の先、上野広小路の四つ角には「お江戸広小路亭」があり、落語芸術協会、落語立川流などが独自に寄席興行を開催。夜は、貸席として落語や講談、女流義太夫などの会が開かれている。

また、落語協会の二階にある「黒門亭」は畳敷きの小さな会場だが、ここでは毎週末、所属の芸人が出る落語会が開かれている。

さらに、上野の街並を見下ろす湯島天神の境内では、毎年九月に「謝楽祭《しゃらくさい》」という落語協会のファン交流イベントが開かれている。所属の落語家、色物芸人が洒落と工夫を生かした出し物や食べ物屋台を用意し、丸一日楽しめる催しだ。

新宿

寄席提灯と寄席文字がかもし出す独特の風景

落語ファン以外で新宿末廣亭の場所をきちんと特定できる人は、まずいない。甲州街道や新宿通りのような大通りに面しているわけでもないので、駅前で客待ちをしているタクシーの運転手でも怪しい。

以前、足を怪我した人が新宿駅でタクシーに乗ったら、四谷三丁目あたりまで連れていかれそうになったと聞いた。

すぐ近所の新宿伊勢丹あたりに買い物に来る人も、たいていは知らない。飲みにいく人も同じで、「どん底」「鼎《かなえ》」「ぼでごん亭」あたりに通ったオールドファンは別として、歌舞伎町や駅周辺で飲んでいる人には見当もつかない場所にある。たまたま前を通りがかった人が、びっくりして眺めているのをよく目にする。

その新宿末廣亭を外から眺めるならば、やはり夕暮れから夜に限る。

おびただしい数の寄席提灯に明かりが灯され、壁面にはこれまたおびただしい数の寄席文字で書かれた芸人の名が並ぶ。

寄席提灯と寄席文字とがかもし出す独特な風景。ものすごく気になるが、だからといって気軽に中にはいっていいものかどうか——。初めて見たときには、誰もがそんなためらいを覚えるにちがいない。

この独特の木造二階建ての建物の中に足を踏み入れるには、ある種の勇気や、いくらかの人の縁が必要なのかもしれない。しかし、一度中にはいってしまえば、そこはアウェイでも閉じられた世界でもない、妙に居心地のいい場所であることはすぐにわかるのだが——。

戦後の焼け跡に建った寄席

今の新宿末廣亭の創業は、このあたりがまだ焼け野原だった昭和二一年(一九四六)三月。宮大工の棟梁だった北村銀太郎(一八九〇〜一九八三)が、寄席の権利を買い取り、自前で資材を揃え、自前で上物を建て、席亭もつとめた。

江戸から明治期の寄席は、落語や芸人が好きな大工の棟梁が席亭になっていたことが多いのだが、ここがまさにそうだった。といっても、自ら図面を引き、全国から腕のいい宮大工を集め、それを束ねて日本国中の寺社を建てていたというのだから、今でいえばゼネコンの社長くらいの立場だったのだろう。

大旦那と呼ばれた銀太郎は、もともと寄席が好きで落語家との交遊も広かった。宮大工の棟梁の家に生まれ、一〇代で大工仕事につくと寄席通いが始まり、芸人との付き合いもできた。若いころに付き合いのあった芸人のすすめで、関東大震災後の下町（御徒町《おかちまち》駅の近く）に「六三亭」という寄席を開いたこともある。人気はあったが、区画整理にともない二年ほどで手放したという。

その経験が、戦後、新宿末廣亭を開いたきっかけになった。

戦前の新宿の中心地はこのあたりで、もともとその一画に「末広亭」という寄席があった。明治三〇年（一八九七）に「堀江亭」の名でできた席を、明治四三年（一九一〇）、浪曲師の末広亭清風という人が買い取り「末広亭」に改名。落語の席になったのは昭和七年（一九三二）だが、昭和二〇年（一九四五）の東京大空襲で焼失。戦後、「この場所でもういちど寄席をやりませんか」と声を掛けられた銀太郎が、持ち主から権利を買い取り、新たに創業したのだ。

まさか焼け跡のそんな場所に寄席ができていたとは思わず、最初は誰も来なかったという。闇市のあった新宿駅前でスタッフが看板を掲げて歩くなどして告知したが、それでもなかなか客足が伸びない。笑うよりも腹を満たすほうが先だった時代だ。大きな建物といえば新宿伊勢丹ビルくらいのもの。寄席の窓を開けると新宿の駅が見えたというのだから、

新宿末廣亭の外観。正面にテケツ、その傍らにモギリがある

地下鉄の新宿三丁目駅にほど近い末広通りに面して建つ。周囲には飲食店が軒を並べている

今となっては想像を絶する風景である。

林家三平が象徴する昭和三〇年代の輝きと明るさ

しかし朝鮮戦争が起こり、特需が始まった昭和二五年（一九五〇）ころから世の中が落ち着き始め、ラジオの効果もあったのだろう、落語ブームが到来する。人が詰めかけ、立ち見は当たり前、高座にまで客を座らせ、建物の外にも客席をつくるほどの盛況が連日のように続いた。

それまで借地だった土地を買い取り、昭和二八年（一九五三）には二階の客席を増築。やがて民放テレビ局が開局すると『末広演芸会』の名で寄席中継も始まり、小屋はいつも満席だった（正式には「新宿末廣亭」だが、「末広亭」も通称として広まっていた）。

大旦那の孫娘（母は席亭をつとめた杉田恭子）として、幼いころから寄席で過ごすことが多かった林美也子取締役に当時の思い出を尋ねてみた。

「キラ星のように名人がいた時代ですけどね、寄席のスターといえば、やっぱり（初代林家）三平さんですよ。あの調子のいい出囃子に乗って転がるように楽屋から高座に出てくると、その姿を見ただけで大歓声が沸いた。その歓声で建物が揺れたんですから。

アコーディオンの小倉義雄さんを引き連れて汗びっしょりになって歌ったり、高座で踊ったり走り回ったりの大サービス。オーラがあるなんてもんじゃない。三平さんご自身が発光して、ミラーボールのように輝いてましたね。立ち見が出るほどの超満員でも、子どもだからすり抜けて前に出られるでしょ。よく高座の前まで行って、そんな三平さんを見てましたよ。面白かったなあ。

お人柄も最高でした。楽屋でも偉ぶらないし、本当にお優しかった。志ん朝さんも談志さんもすごかったけど、今までで一人だけスターといえば誰かと聞かれれば、それは三平さんです」

まさに昭和三〇年代の日本の明るさを、そのまま映したような逸話で、聞いているだけでこちらの心まで弾んでくる。それ、見たかったなあ。

この当時の客席を写した写真が残っている。立ち見こそ出ていないものの、客席はぎっしり。上手《かみて》と下手《しもて》側の桟敷は、当時は三列で座っていたらしい（今は二列）。驚いたのはそのファッションだ。誰もが正装でオシャレをし、ハレの場として寄席に来ているのがわかる。男性はスーツ姿でネクタイ、女性は着物姿あり、洋装あり。子どもたちまでもがよそ行きの恰好をしている。敗戦から一〇年ほどでここまで変わったのかと思うと同時に、新宿に出ること、寄席に来ることは、わざわざオシャレをするくらいに特別なことだったのだと、一枚の写真から見て取ることができる。

寄席は下駄ばきで気楽に遊びにいける娯楽の場、というこちらの思い込みは、じつは後世の刷りこみなのかもしれない。あるいは、明治大正のころを勝手に思い描いたノスタルジアなのか。

実際、この後一〇年ほどで、新宿の街の様子は劇的に変わる。スーツの街からジーンズの街になり、表通りのあちこちで学生たちのデモが繰り広げられるようになった。

その時期、新宿末廣亭が寺山修司率いるアングラ劇の天井桟敷《てんじょうさじき》に小屋を貸したという記録がある。

昭和四二年（一九六七）六月、劇団の二作目「大山デブコの犯罪」が新宿末廣亭の高座で初演されたのだ。劇団のスターだった丸山（美輪）明宏こそ出演していないが、横尾忠則がポスターと美術を担当。一九九〇年代まで席亭をつとめた杉田恭子が、このときの思い出を次のように語っている。

「（父が）いいよって貸してやったの。寄席が跳ねてから夜。したら、下駄やなんかで（高座に）上がられちゃって、あれは貸せないなあっていって。……十日貸して、そのあとまた情に引かされて貸したみたいですよ」（雑誌『落語33号』一九九五年刊）

まだ文楽、正蔵（彦六）、圓生、今輔、圓遊といった大看板たちが元気だった時代だ。大旦那はともかく、落語好きの家族やスタッフは冷や冷やしながら、勝手の違うアングラ劇を眺めていたことだろう。

大旦那は商売だけに徹しきれない人だったようで、昭和四六年（一九七一）、夜の部が

昭和20 ～ 30年ごろの客席の様子。演者は二代目三遊亭圓歌

当時の外観
(2点とも新宿末廣亭提供)

ハネた後に、人前で落語を演じる場がなかった二ツ目の自主興行の場として「つっかけ寄席」の開催を許可した。今も続く毎週土曜日夜の「深夜寄席」の前身である。

当初は客足もまばらだった。たまたまなのか、筆者が見にいった夜に、客席に一〇人ほどしか人がいなかったこともある。それが長く続いたのだが、ここ一〇年ほどで一気に注目され、落語ブーム、二ツ目ブームを生み出す起爆剤になった。木戸銭一〇〇〇円と手軽なこともあるのだろう。開演前には長い行列ができ、若い人たちの姿が目立つ。

「何でもやってみるもんだ」

大旦那は今、雲の上でほほ笑んでいるのかもしれない。

一〇〇人の通よりも五〇〇人の一般のお客さんが大事

大旦那のことばには面白いものが多い。

「一〇〇人の通よりも五〇〇人の一般のお客さんのほうが大事。だって支払ってくれる木戸銭は同じなんだから」（富田均『聞書き・寄席末広亭』より）

というのもそうだ。

落語をたっぷり聞かせるのは、独演会や特別な落語会に任せてしまおう。寄席の仕事は楽しく笑って、いろいろな芸を楽しみ、何度も通ってもらうことだ――というのが大旦那の持論で、今もその方針が守られている。

だから新宿の番組は出演者数が多い。昼の部ならば四時間半で一八組、夜の部は四時間で一六組ほどが出演する。もちろんトリや、後半の出番は持ち時間が長くなるが、それでも二〇分ちょっと。そこは演者の工夫で楽しませてほしい、というわけだ。

番組は、落語協会と落語芸術協会とが一〇日ごとに交互に出演し、昼夜の入れ替えはない。昼の開演時間から、夜九時の終演時間まで、好きなだけ居続けることもできる。

総じて、昼の部は万人受けする顔付けだが、夜の部にはたまに思い切った顔ぶれが並ぶ。後半全員が若手だったり、全員が新作派だったりするのだが、それでも江戸の風を感じてしまうあたりが新宿末廣亭の魔術なのだろう。

それでいて古風なところもあって、真打披露興行や襲名披露興行には夜の部を当てることが多い。今は昼の部の入りが圧倒的に多いが、寄席はもともと夜席が中心。夜の部のほうが格が高く、いわば大トリは誰にでもつとまるものではなかった。その大トリの名誉を新真打や、大名跡を襲名した芸人に体験させたいということなのかもしれない（紅白歌合戦じゃないので、「大トリ」ということばは寄席にはない）。

ふだんの興行では、どの芝居で誰がトリをとるのかは、その年なりに変わることが多いが、いくつか定番になっているものもある。正月二ノ席夜と六月下席夜の柳家小三治の芝居には、毎年多くのファンが詰めかけ、立ち見も当たり前だ。また、七月上席夜は講談の神田松鯉《しょうり》が怪談噺を演じ、最後は客席の明かりが消え、前座が幽霊に扮して客席に現れる。一二月下席夜のむかし家今松《いままつ》の芝居も長く続いていて、千秋楽（最終日）には『芝浜』が出る。その翌日は「末廣亭年忘れ余一会」と銘打ち、特別興行として「さん喬・権太楼　二人会」が毎年開かれ、昔からの人気企画になっている。

とにかく一度、建物の中にはいってみたいならば、毎週土曜日二一時三〇分開演の「深夜寄席」がいい。若手二ツ目の自主興行なので、売店などは閉まっているが、寄席の落語や講談の雰囲気だけは味わえる。

じつは創業以来ずっと場内アルコール禁止

モギリを通って中にはいると、いきなりそこが客席。高座の正面が椅子席になっていて、ここのシートが比較的ゆったりしていて座り心地がいい。上手側、下手側には畳敷きの桟敷席がある（扉ページ写真参照）。この前列に座れば視界を遮るものは何もなく、高座がとてもよく見える。足や膝が悪い人は別だが、長時間見るなら、じつはこちらのほうが疲れないかもしれない。昔ながらの寄席建築の流儀なのか、桟敷全体が前に向かってわずかに傾斜している。

伝統建築なので、季節によって、座る場所によって多少は寒暖の差が出ることがある。

小さなひざ掛け毛布が用意されているので、肌寒さを感じたら、遠慮なく場内スタッフに申し出るといい。

二階席は、週末や正月などよほど混み合いそうなときにしか開けないが、こちらもほとんどが桟敷席で、やはり前方に向けて緩い傾斜がついている。

ついでにいえば、トイレだけは今風のものにリニューアルされ、もちろん男女別だ。

後方にある売店には、弁当、菓子、アイスクリーム、土産物の扇子や手拭いや湯呑み、芸人の著書などが並び、ちょっとした駅の売店くらいの品揃えだ。しかし、ビールや酒は置いていない。そもそも新宿末廣亭は創業以来、客席でのアルコール禁止なのだ。

「北村銀太郎が、ああ見えて一滴もお酒を飲めない人だったんですよ。丸っきりの下戸。泥酔したようなのに隣に座られたら嫌だろ、特に女性だけで来ていて、隣に酒飲みが座ったら怖いだろ、だったら飲ませないほうがいい——そんな理由で、創業以来、うちは禁酒です」（林取締役）

落語の中には酒を飲むネタがいくつもある。『親子酒』『猫の災難』『替わり目』『馬のす』あたりは寄席でも定番のネタだ。そんな噺を聞いたなら、好きな人は堪らなくなるだろう。寄席を出たとたん、一目散に飲み屋に向かう人もいるそうだ。

もっとも、近所には飲み屋も多いし、それで寄席とまわりの店が共存できるのならば、街にとってはいいことなのかもしれない。

寄席の建物が新宿区の地域文化財の第一号に認定

戦後の建築物ではあるが、都内の定席四軒の中で、明治大正の風情を感じさせてくれるのはここだけだ。壊してもう一度建て直すとなったら、建築法の縛りもあり、今と同じ形で建てることはできない。

三・一一の震災のときには心配したが、宮大工の仕事はさすがにたいしたもので、建物はビクともしなかった。

林家正蔵が、落語のマクラで面白いことを言っている。

「ここの寄席はすごいでしょ。大旦那と呼ばれた創業者の北村銀太郎さんが理想の寄席をつくりたいと、全国の腕っこきの宮大工を一〇〇人集めて建てたんですから。ものすごく頑丈なんですよ。震災の後で心配して電話したらお席亭が出て、従業員総出でヒビが入っていないかたしかめたら、どれが新しいヒビだかわからなかったと、そう言ってました。ようこそ、この違法建築の末廣亭へ！」

もちろん途中からはフィクションだが、当の現場で聞いている客は爆笑だ。

夕方から夜にかけては、外の寄席提灯に火が灯り、彩りも豊かになる。古いことばを知っている方ならば「満艦飾《まんがんしょく》」といえばイメージしてもらえるだろうか。大きな軍艦を万国旗などで飾り立てるような密度で、軒先から二階の屋根近くまで寄席文字の看板が立てられ、それが提灯の火に照らされて、建物全体が輝いて見える。ネオンサインきらめく繁華街の一角にあってさえ、独特の個性を際立たせている。

『千と千尋の神隠し』に出てきたお風呂屋さんみたいだね」

建物を眺めていた子が、こう言った。

「そうよねえ。でもね、煙突がないでしょ。だからお風呂屋さんじゃないの。皆で笑うところなのよ」

お母さん、落ち着いて答えたそうだ。さすが寄席を知る母は強い。

平成二三年度とあるので、三・一一震災の後なのだろう、新宿区の地域文化財の第一号に認定。検査をして、当面は大丈夫とのお墨付きをもらっているらしい。

関東大震災後に発展したターミナル街

新宿という街の成り立ちについても、少しだけ触れておこう。

新宿というのは、その名の通り、元々は甲州街道の宿場町である。江戸と甲府（山梨県）を結ぶ甲州街道の最初の宿場が高井戸（今の杉並区）。そこまで江戸から遠いというので、新しく開かれたから「新宿」。

信濃の国高遠《たかとお》藩・内藤家下屋敷の一部を幕府から返上してもらって宿場町をつくったので、当時は「内藤新宿」と呼ばれていた。

やがて品川、千住、板橋と並ぶ江戸近郊の「四宿《ししゅく》」の一つに数えられ、気軽な岡場所（非公認の遊郭。公認されていたのは吉原だけ）として栄えた。四宿の中では最も規模が小さく、落語に出てくることはほとんどない。廓噺《くるわばなし》の『文違《ふみちが》い』くらいだろう。

廓噺は吉原を舞台にしたものが圧倒的に多く、次いで品川宿が多い。海が近く、紅葉や月見の名所もあり、庶民にもなじみが深かったからであろうか。

ほかに『四宿の屁』という小ネタがある。四宿の飯盛女《めしもりおんな》（吉原の花魁《おいらん》に対し、岡場所の遊女をこう呼ぶ）の寝間での屁のひりかたの違いを、それぞれ小噺仕立てにしたもの。新宿の女と客とのやりとりは、こうだ。

「いま地震があったわね」

「ん？　そりゃ、屁の後か、先か？」

もう誰も高座でやらないかと思っていたら、若手で一人こういうネタ好きの落語家がいるので、どこかで聞く機会があるかもしれない。

多摩や甲州で産出された炭や野菜の集積地であり、明治時代にはいってからも岡場所こそ残っていたが、それ以上の発展はなかった。甲州街道と青梅街道が分岐する「追分」（今の末廣亭あたり）が、当時の街の中心地。その周囲には雑木林や田畑が広がり、夜ともなれば深い闇に包まれた。

明治末にこのあたりに住んだことがある六代目三遊亭圓生が、夜な夜な狸囃子《たぬきばやし》を聞いたと、著書『寄席育ち』に書き残している。隣家で鳴っているのかと思ったら、四、五軒先に移り、やがて遠く離れたところで、かすかに「ドンドコ」が聞こえてきて、そのまま音がしなくなった——というのだ。その静けさ、寂しさを今の新宿から想像するのは不可能に近い。

大きく変わったのは、大正一二年（一九二三）の関東大震災後だ。新宿は地盤がしっかりしていて、家屋敷の崩壊や火災がほとんどなかった。それを知った下町の人々が移り住み始めたのだ。それまで山の手の繁華街といえば神楽坂や四谷だったが、それより西に新しい繁華街が生まれようとしていた。

山手線と中央線とが交差する新宿駅に、小田急や京王帝都などの私鉄が乗り入れてくると、新宿のターミナル化が一気に加速。昭和初期には西東京の玄関口として大きく発展した。

炭屋だった紀伊國屋は文化サロンを兼ねた書店となり、新宿中村屋の喫茶部では本格的なカリーを売り出す。昭和四年（一九二九）には甲州街道沿いに新歌舞伎座が開場し（今の歌舞伎町は戦後にできたもの）、山の手の歌舞伎ファンを集めたという。ほかに映画館、カフェー、飲食店、ダンスホール、百貨店……山の手の庶民の欲しいものがすべてこの街に揃っていた。

戦災でその多くが灰塵《かいじん》に帰してしまったが、巨大な闇市が復興の活力になり、昭和二〇年代半ばには再び繁華街として活気づく。昭和三〇年代には小田急、京王、丸井などの百貨店も進出し、商業地としての風景が整った。郊外からショッピングや映画を楽しむために訪れる人々が増えた一方、ジャズ、ロック、アングラ劇、ヒッピームーブメントなどサブカルチャーの拠点にもなり、若者の街としても全国から注目された。

寺山修司が新宿末廣亭を借りて芝居を上演したのも、この時期のこと。アングラ劇とも縁が深かった紀伊國屋ホールで毎月落語公演が行われるようになったのは、昭和四〇年（一九六五）三月の「第五回紀伊國屋寄席」からだ。同年、やはり紀伊國屋ホールで「談志ひとり会」もスタート。落語は立派な山の手文化の一つになっていく。

新宿駅から西に二〇分ほど歩いた「芸能花伝舎《かでんしゃ》」では、落語芸術協会のファン感謝イベント「芸協らくごまつり」が、毎年九月に開かれている。元小学校の教室や講堂を使い、落語はもちろん、ワークショップやクイズ大会もある楽しい一日だ。

新宿は今、知る人ぞ知る東京落語の中心地の一つになっているのである。

浅草

元日の一番太鼓は朝八時半に鳴る

元日の浅草演芸ホールに一番太鼓が鳴るのは、朝の八時半。

大晦日の晩に夜更かしをした人たちが、そろそろ目覚めて雑煮の仕度を始めるような時間に、次々と人がはいってくる。新春歌舞伎などと違って、わざわざ晴れ着で来るほどのこともない。ふだん着のままでいいというのも気楽だ。

やがて二番太鼓が鳴り、九時に開演。

緞帳《どんちょう》が開くと、高座の傍らには酒樽が積まれ、そこに熨斗《のし》がかけられ、正月らしさはますます高まる。門松、餅花《もちばな》、鏡餅、熨斗、さらには三味線や太鼓の音色……昔はどの家でも正月にはこれに近いことをしていたのだが、今はそうはいかない。寄席に来ると「昔の正月」が疑似体験できるのだ。

ちなみに、寄席の世界では元日～一〇日までの初席、一一日～二〇日までの二ノ席が正月興行に当たる。落語家や漫才などの寄席芸人にとっては顔見世期間だ。この一年、こういうメンバーで興行を催しますという意味で、とにかく大勢の芸人が高座に上がる。一時間に六～七組は当たり前。五～六分おきに演者が変わるので、おちおち落語を語っているヒマもないが、そのぶん短時間のうちに若手、ベテラン、長老格の高座に接することができる面白さもある。

寄席になかなか出してもらえない若手もいれば、寄席に出るヒマもないほどの大物もいる。そんな芸人たちが次から次へと入れ替わり現れ、師匠の思い出話、落語や小噺、わが身に起こった不運な出来事を面白おかしく語り聞かせて高座を後にする。

正月しか寄席に来ない人にしてみれば、落語家がバカバカしい小噺を一つ二つやって高座をつとめる姿を見るだけでも十分に値打ちがあるのだろう。誰が何を喋っても笑いが起こるほど客席の反応もいい。

こういう忙《せわ》しなさに客が飽きてきたかなと見ると、『初天神』『真田小僧』『鮑《あわび》のし』『長短』といったおなじみの落語も飛び出す。そのあたりの役割分担やさじ加減の絶妙さは、さすがにプロの集団ならではのものだ。

正月興行のご祝儀として、松の枝を描いた扇子の数をどんどん増やしていく「松尽《まつづ》くし」や、「寿獅子《ことぶきじし》」と呼ばれる獅子舞いが高座に上がる。

浅草の正月初席、朝の部（一部）のトリはここ数年、笑点でもおなじみの林家木久扇《きくおう》と

浅草演芸ホールの外観。正面にテケツ、中にはいるとモギリがある。テケツではよく、猫のジロリが昼寝をしている

興行街として賑わった浅草六区の大通りに面して建つ。写真は正月のものだが、近年は外国人観光客の姿も目立つ

決まっている。高座名を書いたメクリが「木久扇」に変わったとたん、客席全体が「オオーッ！」とどよめく。客席の反応はどこまでも素直だ。田中角栄や大河内伝次郎や林家彦六の物まね満載の高座は、まさに客席の期待通りのもので、笑い声はさらにヒートアップする——。

寄席オープンのきっかけは先のオリンピック

浅草演芸ホールを経営する東洋興業の原点は、戦後すぐの昭和二二年（一九四七）八月一五日に開館したストリップ劇場「ロック座」だ。浅草の興行師だった松倉宇七《うしち》が、戦災で焼けた万世座という演芸場跡地に建てた劇場で、芝居好きだった宇七はここで一時間半のレビューと、一時間のコミカルな軽演劇との二本立てで勝負に出た。ロック座はもちろん、浅草六区をもとにしたネーミングだ。

木造二階建て、オーケストラボックスもある本格的な劇場が開場した日、六区一帯の地主でもある浅草寺貫主も招かれたそうだ。

レビュー人気に加えて、伴淳三郎が座長となった軽演劇の面白さでも評判を呼び、連日の超満員。東北訛りが聞ける芝居に、浅草っ子も地方出身者も大笑いした。作家の永井荷風がふらりと訪れ、連日のように踊り子の楽屋を訪ねたというのもこの劇場だ。

ロック座の成功を受けて、宇七は昭和二六年（一九五一）八月一日、すぐ近くに「フランス座」を新築。かつて自分が支配人をつとめていた三友館という映画館跡地に建てたもので、舞台や客席の規模はロック座よりも大きかった。違いを出すために、ロック座は日舞風のレビューと時代劇調の芝居、フランス座は洋舞風レビューと現代劇で特色を打ち出す。八波《はつば》むと志、南利明ら喜劇人が活躍し、見習いとしてはいった渥美清、東八郎らをスターダムに押し上げ、進行係の井上ひさしを喜劇作家にしたのもここだ。

当時の浅草六区は、浅草寺の仲見世商店街と並ぶ名所だった。映画のロードショー館や劇場がずらりと並び、道には人があふれ、向こう側に渡ることさえ難しかったという。浅草寺への参拝客が六区で遊び、六区で遊んだ客が浅草寺に参拝する。大正時代から昭和三〇年代にかけて、週末といわず毎日、同じ光景が繰り広げられた。

それがやや寂れたのが、先の東京オリンピックの前後だ。

原因はいくつかある。

ひとつは昭和三三年（一九五八）四月一日に「売春防止法」が施行され、吉原遊郭が閉じたこと。浅草の六区と吉原とは、ここで時間を潰したり景気をつけてから吉原に繰り込むという、ひとつのモデルコースだった。

翌年には「風俗営業等取締法」、俗にいう風営法が強化され、「エロスとバイオレンスは日本の恥」だとして映画館やストリップ劇場の宣伝文句や看板絵なども取り締まりの対象になり、六区が大人しくなってしまった。

そこにテレビの普及という逆風が加わる。劇場や映画館に来なくても、タダで娯楽が手にはいるようになった影響も少なくなかった。

要するに、大正時代から興行街、繁華街として栄えた東京最大の名所である浅草六区が、昭和三九年（一九六四）の東京オリンピックを前に寂れ始めていたのである。

浅草をベースに、新宿、池袋にも数々のストリップ劇場を建て、「西の吉本興業、東の東洋興業」とうたわれるほどだった会社も、この急激な社会変化に悩んでいた。コント芝居から育っていった伴淳三郎、関敬六、長門勇、南伸介、伊東四朗らコメディアンは、すでに浅草を離れ、東八郎、萩本欽一、坂上二郎はまだ若手だった。

そこに、たまたま従業員と同じアパートに住んでいた落語芸術協会の重鎮の一人である桂枝太郎（二代目）から、浅草に寄席をつくれないかと打診があり、それを受けて昭和三九年、一階にあった軽演劇専門の東洋劇場だけを残し、四～五階にあったフランス座を閉鎖・改築。そこに「浅草演芸ホール」を開場したのである。

浅草には漫才の寄席や軽演劇の小屋はあったが、戦後しばらく落語の寄席はなかった。もちろん大正から昭和にかけては「金車」「橘館」といった名席があり、戦後の昭和二〇年代には「浅草末廣亭」があったのだが、これも二年ほどで閉じてしまった。近くに「人形町末廣」や「上野鈴本」があり、落語が見たいときにはちょっと足を伸ばすのがふつうだった。

しかし、テレビの出現で様子が変わったのだろう。落語協会には文楽、志ん生、圓生、三平、圓歌……、落語芸術協会にも今輔、米丸、圓遊、夢楽《むらく》……がいて、当時のプロ野球選手、つまり長嶋、金田、王に匹敵するほどの人気と知名度を有していた。そうした芸人が浅草の高座に上がるというのでマスコミも一斉に注目。新設の寄席は一気に活気づく。

七年後にはビルの一階に移り、現在の姿になる。一階が二三九席、二階が一〇一席、合わせて三四〇席は、四つの定席の中では最も広い。

ちなみにかつて演芸ホールだった四階はその後「浅草フランス座」となり、ここで若きビートたけしがコメディアン修業をしていたのは有名な話だ。今は「東洋館」の名で、漫才専門の寄席になっている。

良い意味で「敷居の低い」寄席

筆者の主観でいわせてもらえば、上野、新宿、池袋の客席には、どこか「寄席を勉強しに来ました」「体験しに来ました」的な雰囲気があるが、浅草は別だ。「寄席に来たら笑うものだ」と決めてかかっている人の割合が、なぜか圧倒的に多い。

知っている芸人が出てくると大喝采で迎えるし、たとえ知名度がなくても「コイツは面白い」となったら遠慮なく笑い声を上げる。良い意味で、敷居が低い。

「あそこはやりやすいんです。ポンと投げればポンと笑いが返ってくる」

「そう、素直に声出して笑ってくださるお客様が多いような気がしますね」

と、ナイツの二人に聞いたことがある。

開業当時から落語協会と落語芸術協会とが一〇日ごと交互に番組を組む。持ち時間は一二～一五分程度で、トリで二〇分ちょっと。コンパクトな番組づくりで、ほど良いところで次々に入れ替わる。夜の終演は二一時。昼夜の入れ替えもない。

浅草という土地柄もあるのか、客を楽しませることに長けた芸人を大切にしてきた歴史もあり、ここでトリをつとめて自信をつけ、頭角を現してきた芸人が何人もいる。

たとえばどなたが、と松倉由幸社長に尋ねてみた。

「春風亭一之輔さんがそうですよね。真打披露にあれだけのお客様を引っ張って来てくれるとは思わなかったし、今でも進化しています。若い方では、二〇一七年に新真打になった林家ひろ木さんでしょうか。落語のほかに津軽三味線も弾くんですよ。両方聞けたというので、お客様も納得して帰っていきました。

ベテランでは三遊亭金遊師匠ですね。地味でふしぎな感じの方だけど喋ることはじつに面白い。林家種平師匠のように落語や芸にアグレッシブな方もいる。そういう味のあるベテランが何かの拍子に注目されると、寄席はもっと面白くなりますね」

浅草も独自に、浅草で喜ばれる芸人の掘り起こしに懸命である。

面白いのは八月の番組だ。

八月中席の昼の部は「納涼住吉踊り」と銘打ち、仲入り休憩の後は落語家や色物芸人ら数十人が総出で「深川」「かっぽれ」などを踊るのだが、これもひとつの風物詩になっている。昭和五三年（一九七八）、古今亭志ん朝が、踊りの名人だった雷門助六（八代目）を引っ張り出し、寄席の伝統芸を復活させようとしたのが始まりで、すでに四〇年の歴史がある。落語協会の番組だが、助六は芸術協会所属の落語家だったので、常に数人の芸術協会の芸人が加わり、寸劇あり、総踊りありの、なんともハッピーで賑やかな余興が一〇日間繰り広げられる。

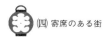

八月上席の昼の部は、芸術協会副会長の三遊亭小遊三率いる落語家デキシーバンド「にゅうおいらんず」が出演。仲入り休憩後、高座にずらりと楽器が並べられ、こちらも賑やかなライブになる。

八月下席の夜の部は「禁演落語の会」。戦時中に愛国的ではないと自主規制して封印したネタの数々を、解説つきで聞ける会。珍しいネタも出るが、トリの一席は『三枚起請』『品川心中』『明烏《あけがらす》』といった、今ではおなじみのものばかり。戦争に協力した結果、このあたりは焼け野原になり、多くの人が亡くなっている。笑いながら、そんな時代に思いを馳せるいい機会になるはずだ。ちなみに禁演落語を封印した「はなし塚」のある日蓮宗本法寺（台東区寿町二-九-七）は浅草駅や田原町駅からも近いので、寄席の行き帰りに一度、足を運んでみるといい。

余一会では、やはり八月の「初代・林家三平　追善興行」、年末の「古今亭圓菊一門会」が定番だろう。ともに一門の弟子が出る、昼夜入れ替えなしの興行だ。毎年一〇月の「読売杯争奪　激突！二ツ目バトル」も人気がある。

松倉社長に今後の企画について尋ねてみたら、こんな答えが返ってきた。

「お亡くなりになった志ん朝師匠などは、住吉踊りをあれだけ名物にしてくださったのですから、追善興行をウチでやらせていただかなければいけないと思っているのですが、なかなかお身内から許しが出ないんですよ」

一九八〇年代半ば、世間の興味が寄席から離れ始めていた時期に、一〇日間の納涼住吉踊りのショーで、寄席に客を引き戻すきっかけを与えてくれた。もともとが芝居小屋で、高座の間口も広く、大勢が歌ったり踊ったりすると似合う。そのヒントを与え、実践してくれた志ん朝には、寄席側も浅草の人々もただならぬ恩義を感じている。やがてその願いが叶う日が来ることを祈りたい。

再び浅草の街が変わる

一九九〇年代の浅草は、夜ともなれば街に人の姿がなかった。日が暮れるとほとんどの店がシャッターを下ろし、夜七時を過ぎると、一人で歩くのがためらわれるほどに寂しかった。それが今や、すっかり様子が変わっている。

新しいホテルが建ち、横丁に外国人を泊めるゲストハウスが次々にオープンし、バーやカフェ、居酒屋などができてきて、女性はもちろん、家族連れや子連れの姿まで目立つようになってきた。

浅草演芸ホールでは、新宿末廣亭と同様、夜の部の時間割引を実施していて、特に一九時からは木戸銭が半額に近づく（一八時の割引もある）。以前の浅草ならば、そんなことをしても大して効果はなかったかもしれないが、今は違う。一九時の夜割の札が出るのを並んで待っている人の姿が目立つようになってきた。中には女性一人で来て、しっかりその行列に並んでいる人もいるのだ。

演芸ホールのはす向かいにはドン・キホーテがあり、かつてはその向こうに映画館が並んでいたのだが、今はその跡地に大きなビルが建つことになっている。聞けば、そのビルにも何か劇場がはいるらしい。ドン・キホーテの上にも「虎姫一座」のレビュー劇場があり、

「まるごとにっぽん」の上にはイベントが開けるようなスペースがある。ここが六区の興行街なので、新しく建てるビルには劇場なり映画館を入れるというのが条件になっているという。

飲食店はもともと豊富で、ショッピングも楽しめるようになってきたので、界隈を歩きながら、今日はこっちの映画が面白そうだ、今日は寄席で笑おう——やがて、そんな会話が生まれるような街に変わってゆくのかもしれない。

かつては大群衆が朝から晩まで闊歩していた道である。その記憶が人々の心に残っている限り、風景が蘇る可能性はある。あとは東京とその近郊の人々が、この先も元気で楽しく生きていけるのかどうかにかかっている。

かつての記憶といえば、演芸ホールで働いているスタッフの中には、ビートたけしのように、じつは芸人志望で来た人もいる。少なくとも演芸が好きで働いている人ばかりだ。芸人になったスタッフもいる。曲独楽の三増紋之助《みますもんのすけ》もその一人で、コメディアンを目指してフランス座にはいり、やがて演芸ホールの門間金三郎支配人（当時）の片腕になり事務員として働きながら、曲独楽の世界に加わった。女性落語家の春風亭鹿の子《かこ》も、モギリをやっていたことがあるそうだ。

そんなスタッフたちが、松倉社長や松倉久幸会長とともに、暑い日も寒い日も半被《はっぴ》姿で外に立ち、呼び込みをしているというのが、なんとも浅草らしい。

夏の「納涼住吉踊り」の様子。平成10年（1998）8月11日撮影（写真＝毎日新聞社）

芸人が気楽に歩く街

浅草は寄席芸人と街の人々との距離も近い。落語家の商売小道具を扱っている店が多いこともあるのだろう。

高座で使う白扇を求めにくる「文扇堂《ぶんせんどう》」もその一つだ。若くして亡くなった先代主人・荒井修から、白扇について教わったことがある。歌舞伎の「平成中村座」の仕掛け人の一人で、著書に『浅草の勘三郎』がある。

「ほら、噺によっては扇子を広げなくてもいいのがあるでしょ。亡くなった志ん朝師匠から、そういう噺のときに使いたいから、骨の数を減らして昔風の薄くて様子のいい扇子をつくってくれないかと頼まれたことがありましたよ。

志ん朝師匠は扇子にもこだわりのある方でね、ホール落語は照明が強くて、白い扇子だとお客様が眩《まぶ》しがって噺に集中できない。ちょっと黄なりがかった紙でつくれないかな、と相談されて、越前という紙でこさえたこともあった。

今の芸人さんは、そこまで扇子にこだわってくれないから困っちゃうよね」

いつまで聞いていても飽きない。きっと、そんな会話を芸人とも交わしていたのだろう。

手拭いの「ふじ屋」主人・川上千尋《ちひろ》も似たような思い出をもっている。子ども時代、父親が幹事をつとめていた「浅草の会」の会合があると必ず、林家正蔵（彦六）、新内の岡本文弥《ぶんや》、作家の宇野信夫といった大師匠や大先生を家まで送ったそうだ。岡本文弥がしばらく、この家に居候していた時代もあるというのだから驚く。

落語家御用達の「鬼献上《おにけんじょう》」と呼ばれる博多帯を扱う「帯源《おびげん》」も、百年続く老舗だ。長唄、常盤津《ときわづ》といった歌舞伎音楽、さらには日本舞踊や講談の男性陣もこの帯を締める。ふつうの献上帯よりも細身で芯がしっかりしているので、見ればすぐにわかる。着物に合わせた多彩な色合いの鬼献上を揃えた、国内唯一の帯の専門店でもある。

若き主人・高橋宣任《のぶひで》によれば、ジャイアンツカラーの帯をつくってみたらこれが落語家に好評で、後にライオンズカラーの帯、ファイターズカラーの帯などのリクエストもあり、これもつくったらしい。着物や帯はいわば落語家の作業着だが、そこにちゃんと洒落っ気、遊び心があるところが面白い。

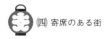

落語家や芸人ご贔屓の店は数知れない。そばなら「尾張屋」や「翁《おきな》そば」、天麩羅は「大黒屋」や「中清」、喫茶店なら「アロマ」や「ブロンディ」、飲み屋なら「捕鯨舩《ほげいせん》」など、思いついただけでもずいぶんある。

そもそも、今でこそ芸人は板橋や杉並や品川や目黒あたりからも通ってくるが、その昔はほぼ全員、この界隈に住んでいたのだ。寄席という仕事場がこの近辺に固まっていたのだから、それが当たり前だった。界隈には花柳界や芝居の関係者も多く、ジャンルの違う芸人同士が隣り合わせで暮らしていれば、そこに新しいアイデアやネタづくりのヒントのようなものがあったにちがいない。

だからこそ、このあたりを舞台にした落語のネタも多いのだろう。吉原、隅田川（大川、宮戸川とも）、浅草寺、奥山（今の「浅草花やしき」）、待乳山《まっちやま》の聖天様、芝居町と呼ばれた猿若町、上野の山、谷中の墓地などが舞台になったネタは枚挙に暇もない。

芸人の家の近くに長唄の師匠や売れない役者が住んでいて、稽古する声や三味線の音色が互いに聞こえてくる。そんな時代が戻ってくることはないだろうが、浅草という決して広くはないエリアの中に芸人ゆかりの店がこれだけ密集している様を見ると、江戸・東京にそういう時代があったことが、いくらか身近に思えてくる。

浅草演芸ホールのほか、芸者衆が踊りなどを稽古する「浅草見番《けんばん》」でも落語の会がある。「木馬亭」に行けば浪曲が聞ける。

いまやすっかり海外からの旅行客におなじみになり、日本語以外の言語が飛び交う浅草だが、そんな場所で演芸に触れ、ぼんやり街の様子を眺めて歩くのも面白い。

池袋

どこに座っても特等席

池袋演芸場の特長は、なにしろ駅から近いこと。北口改札口を出れば、ほんの二〜三分でテケツに着く。

でも慣れないと、場所はわかりにくいかもしれない。「池袋西一番街」という飲み屋や食べ物屋が連なる飲食街にはためく幟《のぼり》と、トリの落語家や主な出演者名を書き出した寄席文字の看板だけが目印だ。

ちなみに昔は、もっとわかりにくかった。路地奥の映画館の三階にあり、交番で尋ねてもわからないことから「幻の寄席」といわれていたこともあった。今は、そのころよりも発見しやすい。

表通りに面したテケツ（チケット売り場）で木戸銭を払い、地下に降りるとモギリ。ドアを開けると寄席。階段はやや暗いが、客席はとびきり明るい。周囲の壁も白い木でできているので、影や暗さが微塵もない。ある意味、とても健康的で居心地のいい寄席なのだ。そして、とにかく音響がいい。

客席は非常にコンパクトで、椅子が九二席、ほかにパイプ椅子による補助席が二〇席くらい。だからマイクやスピーカーを使わずに、隅々まで肉声が届く。

漫才のときにはスタンドマイクを立てるのだが、それはあくまでもコンビのための目印に過ぎず、コードも何もつながっていない。

客席はきれいなひな壇になっていて、高座にも高さがあるので、前の人にじゃまされて演者がよく見えないということも少ない。その代わり、演者からも客席の一人ひとりがよく見えるので、居眠りしたり弁当を食べているだけでイジられることもある。そのくらい芸人を身近に見ることができる席だ。

のどかな学生の街から巨大ターミナル街へ

池袋演芸場の創業は昭和二六年（一九五一）。最初は瓦屋根の二階屋。火事や区画整理で何度か建て替えをして、昭和三八年（一九六三）、映画館の脇にある階段を上った三階に畳敷きの寄席ができた。後方は土間になっていて、椅子が置かれていた。

創業者は戦後、楽団を派遣したり、飲食店を経営をした人だが、落語も好きで、桂文楽

池袋演芸場の外観。落語家の高座名を描いた看板の脇にテケツ、
客席は階段を降りた地下。エレベーターもある

池袋駅の西口側、「西一番街」をはいってすぐ左にある。界隈には飲食店が軒を連ねている

（八代目）にアドバイスを受けながら寄席を開いたのだという。ところが池袋は落語不毛の地で、なかなか客足が伸びない。そんな苦しい時代を、多角経営で何とか乗り越えてきたのだ。

池袋という街は新宿と同様、国鉄（ＪＲ）の駅に西武鉄道、東武鉄道という二つの私鉄が乗り入れるターミナル駅なのだが、どういうわけだか戦前・戦後を通して、新宿や渋谷のようには発展しなかった。

戦前のこのあたりの繁華街といえば、むしろ大塚や駒込だ。駅近くに三業地と呼ばれた花街があり、映画や寄席も向こうのほうが賑わっていた。江戸時代から寺院や墓地が多く、その門前町として栄えてきたこととも関係があるのだろう。

では池袋はどうだったかといえば、学生の街、芸術家の街という香りが強かったようだ。明治時代末に目白に日本女子大ができ、学習院が移転してきたのがきっかけで、この地に数々の大学や教育機関ができる。今の東京芸術劇場や西口公園のあたりには東京学芸大学の前身となった府立豊島師範があり、大正時代半ばには立教大学、自由学園もできた。成蹊大学の前身である成蹊実務学校も、昭和にはいって吉祥寺に移転するまでは池袋にあった。

昭和初期には、近辺でアトリエ付き住宅の貸し出しが始まり、そこに画家やアーティストが集まり「池袋モンパルナス」と呼ばれる活気を生んだ。やがて東口の明治通りが整備され、いくらか市街地化は進んだが、この街の落ち着きを壊すほどのものではなかった。それが戦災で焼かれ、戦後に大規模な闇市が開かれると様子が一変する。駅前に明治通りが通っているというのも、物流には好都合だった。朝霞《あさか》の米軍基地からの品などが店頭に並び、都内各所から人々が集まる。これがターミナルとして池袋が発展するきっかけになった。

その喧騒が一段落して、駅の周囲にデパートができてくるのが、ようやく一九六〇年代のこと。闇市時代の面影が街のあちこちに残り、昭和五三年（一九七八）にサンシャインシティができるまで、子どもや若者が立ち入ってはいけないような場所が、駅の周辺にまだいくつもあったことだけは、筆者の記憶にも残っている。

ショッピングや映画には人が集まるようになったが、それ以上には広がらない。そんな時代が長かった。

街の変貌を見続けてきた寄席

寄席もこの影響を受け、客足が伸びずに苦労をしたようだ。

当初は落語協会と落語芸術協会が交互に興行を打っていたが、あまりに人がはいらないので閉鎖を考え始めたときに、席亭の意を汲んで芸術協会が休席を決める。昭和四四年

（一九六九）のことだ。

一方の落語協会は、会長だった三遊亭圓生が寄席を減らしたくない、足りない分は何とかするから続けてほしいと寄席側を説得し、最終的には席亭も翻意する。翌年から落語協会だけが出る寄席として、ふだんは夜の部だけで興行することになる。

ちなみに江戸時代から続いた古席「人形町末廣」が閉館したのが昭和四五年（一九七〇）の正月二ノ席のこと。ジーンズやロックの流行が、畳敷きの寄席（当時の池袋もそうだった）にとっては逆風になっていたのだろう。

一九八〇年代は、東口の西武百貨店＋パルコと、西口の東武百貨店とのライバル関係が激化。サンシャインシティとの三つ巴で、埼玉から最も近い東京の街として賑わうようになるが、その客は必ずしも寄席まで足を伸ばしてはくれなかった。

池袋の窮地を救おうと、立川談志が一〇日間トリをとったり、若手真打の公演をサポートしたというのもこの時代だ。

トリの談志は、連日熱演していたという。おかげで客席も連日の超満員。ところが、どうかするとどこか一日は来ない。ヒザ替わりの林家正楽《しょうらく》（二代目）が何十枚も紙切りをして間をつなぐ。遅れて来ることもあるので、勝手に打ち切るわけにもいかないのだ。そこにようやく「今日は行かない」と本人から電話がはいり、弟子が高座に出てきて「今日は談志は来ません」と告げると、それがまたウケたという話を、当時、楽屋で前座をつとめ、

建て替え前の畳敷きだった
ころの客席

当時の外観
(2点とも池袋演芸場提供)

実際にその風景を見ていた方から聞いたことがある。今は大看板の一人として、寄席のトリをつとめるような師匠だ。

談志ファンというのが特別なのかもしれないが、お目当てが来ないことを客席も半分期待しているという芸人と客席との身近さは、今ではちょっと考えにくい。

ほかにも三遊亭圓丈《えんじょう》の「三題噺の会」、川柳川柳《かわやなぎせんりゅう》などによる「放送禁止落語の会」など、アングルのついた芝居には大勢のファンが集まったが、それ以外の日にはよほど好きな人しか来ないという状態が当たり前だった。若手を中心にした顔付けで二〇年ほど営業を続けたが、客足の鈍さは変わらず、平成二年（一九九〇）、周囲の区画整理にともない閉館する。

再開するかどうかが危ぶまれていたが、三年後に新しいビルが建つと、地下に寄席もできていた。最初しばらくは落語協会だけで興行したが、昼夜興行に切り替えてから落語芸術協会も出るようになり、上席・中席を交互に興行するようになる。

ところが、昼夜興行にしたからといって、すぐに客が付いたわけではない。昼の部の開演時間になっても一人も客がいない。二時過ぎて何人か来たので、ようやく幕を開けたということもたびたびあったという。

どの寄席も苦戦していた時期だ。年配層が寄席から離れ、若者は落語に見向きもしなかった。池袋はそれまで夜の部しかやっていなかったので、昼からやっていることが広く伝わりにくかったということもあるのだろう。「池袋秘密倶楽部」ということばも、この時代に生まれた。

もちろん今はそんなことはない。年配層が寄席に戻り、若者たちも落語に興味を持ち始めて、楽しそうに高座を眺めている。子ども連れも増えてきた。正月やゴールデンウィーク、夏休みには立ち見が出るのも当たり前。ふだんでも、気づけばびっしりと席が埋まり、立ち客がいることも少なくない。

寄席というのは好きじゃなければできないし、好きなだけでもできない商売だとは思うが、創業から半世紀以上が過ぎ、ようやく長年の苦労が報われたような気がする。

持ち時間は長めで珍しいネタも出る

通常の寄席興行でも一時間に四組、二ツ目でも一五分、仲入りや後半の真打は二〇分ほどの持ち時間があり、ゆったりと落語が聞ける席だ（正月初席、二ノ席の出演者は多い）。コンパクトで声が通りやすく、客席も近い、持ち時間も長いというので、珍しいネタも出る。ネタ下ろしをしたり、まだ寄席にはかけていない新作をやるには、ちょうどいい塩梅なのだ。おかげで池袋演芸場にはマニアが多いという噂もある。たしかにそうかもしれない。

数年前、橘《たちばな》ノ圓《のまどか》という大ベテランがまだお元気だったころ、トリで出てきたのに「随《ずい》談《だん》」（随筆・エッセイのような噺）だけで高座を下りたことがある。この師匠の随談は決して珍しくはないのだが、この夜の噺は特別だった。

戦死した父（だったか知人だったか）の供養のためにボルネオ島サンダカンを訪ねたときに、現地に住む年老いた婦人に出会った。日本人だが、長くこの町に住んでいるという。ワケを聞くと、慰安婦として戦時中にこの町に送られたのだが、敗戦後、身に危害が及ぶことを恐れて山に隠れていたおかげで引揚げ船に乗れず、そのまま町に住みつき、今はこの町の人間として暮らしているという。気の毒にも思い、「何か困っていることはないか？」と聞くと、「新茶が恋しくなる」と言うので、それから新茶の季節になると茶を送っている――。

五月のゴールデンウィークは、新茶の季節でもある。オチがどうだったのかまでは覚えていないが、いくぶん東北の訛りが残る押し殺した語りに引き込まれ、この切ない物語に心を動かされてしまった。

師匠は平成二六年（二〇一四）、唐突に他界。直前まであまりにお元気そうだったので、信じられない出来事だった。後日、お弟子さんにサンダカンの随談が忘れられないのだと話すと、すぐさま返ってきた答えに驚いた。

「あれ、つくり話なんですよ」

誰かに「マレーシア行こう」と誘われ、それをきっかけにつくった噺らしい。新茶を加えて、季節のネタとしてまとまったので高座にかけてみたのだそうだ。さすがホラ吹き、ウソの名人として愛された師匠である。もう時効だと思ってここに記したのだが、大ベテランにそんなイタズラ心を起こさせたのも、ここが池袋だったからだろう。

夏休みで小学生もいるのに、壮絶な殺しの場面がある侠客物の講談や怪談が続いて驚いた思い出を別の章で紹介したが、興が乗ると思い切ったこともできる。池袋は、そんな無茶をしてみたくなる席なのだ、きっと。

河村謙支配人から、目白に住んでいた先代の柳家小さんが、散歩のついでに立ち寄ったときのエピソードもお聞きした。晩年、体調を崩していた時期のことだ。

ふだん着の作務衣姿で開演前に来て、客席に腰掛け、前座の落語を見ていたらしい。気を遣ってお茶を出したら、「こんなもんはいらねぇんだ。客として来てんだから」と叱られた。こういうことが何度かあり、そのまま高座に上がって小噺を二つ、三つ聞かせたり、刀を持ってきて高座で居合抜きのようなことを見せてくれたこともあったという。客席は大喜びだったことだろう。

立川談志も、晩年にふらりと訪れたことがある。「ちょっと見せてくれよ」と客席に座り、前座の落語を聞いて「ツマラネェ」と言いながら帰っていったそうだ。

「あれだけ一生懸命支えてくれたのに、結局、今の高座に上がってもらえなかったのが残念ですね」

　と河村支配人は言う。

上演中の外出を許しているのは池袋だけ

　池袋といえば、若手の芝居が面白いという印象がある。

　それが顕著なのは下席の昼の部だろう。落語協会の若手が出て、一四時に始まり、一七時には終わる三時間の芝居。木戸銭もちょっと安い。落語も聞けるし、色物芸も楽しめるので、寄席の入門編としてもおすすめだ。ここ一〇年で評判も付いて、リピーターも増えてきた。トリによっては開演前に長い行列もできる。

　念のために付け加えれば、今やどの寄席でも大看板になっている柳家喬太郎や林家正蔵も、寄席の世界では若手の部類にはいる。下席でトリをとるのもふつうだ。ファンにしてみれば、一種のプレゼント企画のようなものである。

　新作落語ばかりをかける会もある。毎年三月下席の昼の部「新作台本まつり」がそれだ。落語協会が一般公募した新作落語の優秀作を、毎日日替わりでトリの落語家が高座にかける。その他の出し物も、自作であったり一般公募作品であったりするけれど、とにかく新作だけ。現代物が多いが、まげ物（江戸や明治を舞台にした新作）もある。三遊亭圓丈や、圓丈門下の三遊亭白鳥《はくちょう》、三遊亭天どんのような現代物が得意な演者もいれば、林家正蔵や林家正雀《しょうじゃく》のような古典派もいて、これがなかなか新鮮だ。知らずにはいったら、「ん……」と思うくらいに、ふだんの寄席とは雰囲気が変わる。

そのふだんの興行の番組は、じつは手堅いつくりになっていて、トリにベテランの大看板を据えたり、講談がトリをとったり、なかなか魅力的だ。

中でも驚いたのが、「幻の噺家」とも呼ばれていた長老・柳家小のぶをトリにした芝居である。柳家小さん門下の高弟で、入門は鈴々舎馬風《れいれいしゃばふう》や柳家小三治よりも古い。今世紀にはいって一〇年くらい寄席に出ていなかったが、じつは寄席好きだったことがわかり、徐々に深い出番に出るようになる。そして平成二七年（二〇一五）五月中席昼の部で、とうとうトリをとった。

明治生まれじゃないかと思わせるふしぎな味わいのある落語家なので、ぜひ機会があれば寄席で見てほしい。

ほかにも、まだお元気で活動していたのかと思うような落語家をさり気なく顔付けしてくれることがあり、池袋の番組からはどうにも目が離せない。だからマニア向けともいわれるのかもしれないが、定席にはそのくらいの振れ幅があっていいような気がする。

それと、あまり知られていないことかもしれないが、池袋だけは上演中の外出が自由である。半券を持って外に出て、食事をしてきてもいいし、喫茶店で一休みしてきてもいい。

上席、中席は昼夜入れ替えなしの流し込みなので、昼からはいって、夕方、適当なところで弁当を買いにいったり食事に出たりして、また戻ってきてもいいのだ。これが許されるのは池袋演芸場だけである。

最後に、池袋演芸場の音響の良さについて、ひとことだけ付け加えておこう。

ビルに建て替える際、地下ホールは寄席だけで採算がとれるかどうか心配なので、寄席がハネたら夜はライブハウスとして貸し出すつもりで音響設備や防音対策を整えたという噂がある。

そのことを河村支配人に尋ねると、まだこの仕事に就く前のことなので詳しくはわからないという前提で、噂の背景を教えてくれた。

「建て替えがバブルが弾けたばかりの時代ですからね。落語の人気もなかったので、寄席を開くといったら銀行がお金を貸してくれなかった。それでライブハウスを、とカムフラージュしていたのかもしれません」

結局、ライブハウスとして貸し出したことは一度もないのだが、都心で寄席を開こうとすれば、これほどの覚悟と準備がいるのである。

筆者は、この話を聞いて以来、涙なしには池袋の木戸をくぐれないのだ。

五

寄席の底ぢから

寄席は何度ヘコんでも必ず蘇る

何をどう語っても、なかなか人に振り向かれない時期がある。昭和から平成に変わる一九八〇年代半ばから二〇〇〇年代の初めの寄席や落語が、まさにそうだった。

もちろん、人気と知名度を備えた落語家もいて、その独演会などのチケットは飛ぶように売れていた。でも、そんなことができるのは一握りのスターに限られていた。

おかげで寄席は昼も夜も空いていたが、中には光る芸人もいれば、得がたい時間もあり、楽しめなかったことは一度もない。ちょうど三〇〜四〇代にかけての忙しい時期だったので、たまに一人になりたいときに気分転換を兼ねて遊びにいったのだが、一人で二席くらい専有しながら、なぜこの楽しい場が世間に無視されているのかがふしぎだった。

恐らく、同じように感じていた人たちが、理不尽なほどに目立たなくなった落語家や寄席を見かねて起ち上げた企画だったのだろう。テレビドラマ『タイガー&ドラゴン』『ちりとてちん』が放送されたのをきっかけに、寄席と落語が息を吹き返した。

まるで「再発見」でもされたかのように、マスコミで取り上げられることも多くなり、寄席の客足も伸びた。いい落語会があるというと、流行に敏感な人たちが横浜や浦和や大宮あたりまで足を伸ばすのもふつうになった。

これで安泰かと思われた矢先に起きたのが、二〇一一年の震災だ。暗くなってから出歩くのが不安になったのだろう。特に夜の部の観客数が一気に落ち込み、回復するまでしばらく時間がかかった。

そこから一気に盛り返し、今や二ツ目落語家ブームまで起こり、一過性の流行とはいえないほどに落語は身近な存在になってきた。大学生や高校生はともかく、小学校くらいの子どもたちは落語をとても身近に感じている。今となっては、長い低迷期があったことさえ、ほとんどの観客は知らない。

もちろん、それでいいのだ。今の寄席の賑わいを楽しみ、それを記憶しておいてくれればいい。もし二〇年後、三〇年後に寄席の賑わいが薄れ、再び空席が目立つようになったときに、それが寄席や芸人に原因があるものなのか、それとも世の中のあり方や自分たちに原因があるものなのかを考える手がかりくらいにはなるだろう。

寄席はちょっとやそっとへコんでも、必ず立ち直る。運も味方したのかもしれないが、ふだん何もしないところに運が向くことはない。日ごろの努力や変わらぬ姿を、誰かがどこかで見ていたからこそ、運も見放さなかったのである。寄席の底ぢからは、まさにそこにあるのだと思う。

楽屋が若者を「芸人」にする

底ぢからの源泉は、寄席の楽屋にもあるのではないか。

楽屋が何となく賑やかな日は、寄席の高座も面白い。喋っている内容まではさすがに聞こえはしないのだが、たまに笑い声が起こったりするのはわかる。新宿や池袋は楽屋と高座が近いので、客席にいても気配は伝わってくる。楽屋で盛り上がったままの勢いで高座に出てきた芸人は、もう最初からテンションが高い。

寄席の楽屋は恐らく、寄席芸人にとってのブルペンのような役割を持っているのだろう。でも、楽屋の役割はそれだけではなさそうだ。そこは入門してきた前座に、落語家とは何か、芸人とは何かを教え込む教室でもあるのだ。

ある師匠によれば、入門した若者が楽屋入りするときに最初に叩き込まれるのが、芸人の香盤《こうばん》（序列）だという。落語協会にも落語芸術協会にも、それぞれの香盤がある。基本的には入門した日によって決まるが、真打昇進の時期、さらには役職などによって香盤が入れ替わることもある。お茶を出すにしても、必ずその場にいる一番上の先輩から順に出していく。出す順序を間違えれば、それだけで小言を食らう。上下関係のあるタテ社会で芸人として一生を過ごす覚悟を固めることが、楽屋入りした若者に求められる。一般社会とは別世界に踏み入れるための、一種の通過儀礼のようなものだ。

席亭をつとめた祖父・北村銀太郎と母・杉田恭子のもとで育ち、幼いころから寄席の楽屋を見てきた新宿末廣亭の林美也子取締役から、楽屋の役割についてこんな話を聞いた。

「末廣亭の楽屋は昔ながらの大部屋で、昔から偉い師匠方が座る場所が決まっているんです。落語家は楽屋にはいるとそこは空けたままにして、散らばるように座ってお喋りしたり着替えたりしながら出番を待ちます」

その合間を縫うように、お茶を出したり、着替えの手伝いをしたり、着物を畳んだりして前座が立ち働いている。

「前座の子たちは、立ち居振る舞いからことば遣いまで注意されますからね。なんでこんなに気を遣わなきゃいけないのだろうと思いますよ。でも、それが修業なんです」

先輩方への気遣いや気配りを覚えることから、芸人はスタートする。

「師匠たちの着替えを手伝いながら、誰それは帯をきつめに締めるというようなクセを覚え、これが鯔背《いなせ》、これが伊達《だて》だという着こなし方を目に焼き付ける。入門して一年も経つと、それまでジーンズしか履いたことがなかったような子たちが、見違えるほど粋に着物を着こなすようになりますよ。もう、花火大会に行く男の子たちの浴衣姿とは雲泥の差になるの」

忙しく働きながら、他の師匠たちの楽屋での会話を聞いておくのも勉強だ。そこで話題になるのはたいてい噺家同士のこと、その日のお客さんのこと、落語のこと、落語を通して見た何かのこと。言い回しや会話の組み立ての中に、芸人世界特有のものも多い。そういうものを聞いていないフリをしながら毎日のように聞いているうちに、若い前座にも噺家らしい、芸人らしい匂いがついてくる。この雰囲気だけは、寄席の楽屋を経験していなければ、身に付くものではない。

「寄席ってのは寄せ集めの場ですからね。他の一門の師匠方もいれば、色物の芸人さんもいる。そういう方々の芸や人となりに身近に触れることができるのというのが、寄席の楽屋の良さですよ。前座の四年ほどの間にそういう経験を積み重ねて、若い人たちは落語家、芸人になっていく。入門しただけで落語家になれるわけじゃないんです」

もちろん、その間に高座にも注意を向けて先輩たちの落語を聞いておく。楽屋で仕事をしていると、耳が自然にそういう働き方をするようになる。太鼓の叩き方も前座のうちにマスターしておかなければならない。

前座にとって、楽屋で修業をする四年の時間は辛い。しかし、そこで学んだこと、身に染み付いた何かが生涯の糧になる。寄席の楽屋が、どこの誰ともつかなかった若者を「芸人」にしていくのである。

若手にとって寄席の出番は貴重な時間

このところ入門者が増え、現在、東京だけで約六〇〇人の落語家がいる。入門した師匠のもとで「見習い」期間を過ごしている人も少なからずいるので、実際にはもう少し数が増えるだろう。

このうち、定席《じょうせき》に出ることができるのは、基本的には落語協会と落語芸術協会に所属する芸人だけだ。二〇一八年五月現在での両協会のホームページから、それぞれの内訳を数えてみた。ちなみに芸術協会の数字には、数人の講談師も含まれている。

●落語協会

真打二〇五人、二ツ目六二人、前座二七人　計二九四人

●落語芸術協会

真打一〇〇人、上方真打一人、二ツ目四五人、前座二五人　計一七一人

真打《しんうち》の出番は一つの芝居で八～一〇人くらい。これが昼夜あり、番組は毎月三度入れ替わるので、一年に直せば出番の数こそけっこうあるのだが、いつも顔付《かおづ》けされる人となる

と数は限られる。恐らくどちらの協会も、せいぜい半数かそれ以下だろう。

二ツ目となると、さらに出番は限られ、基本的には一つの芝居に一人しか出ることができない。自分の師匠がトリをとる芝居ならばチャンスは広がるが、弟子が多ければなかなかそのチャンスも巡ってこない。若手真打も、同じような境遇にある。

今はその代わりに、地域の落語会が増え、若手にとっての勉強の場になっている。それは大事にしていかなければいけないが、一方で、寄席とは環境が違うこともたしかだ。林取締役は、寄席と小さなキャパの地域落語会との違いを、こんなことばで評している。

「寄席は前座さんから始まって、人気のある方や小三治さんのような超一流の方まで出てきます。その小三治さんを聞きに来たお客様もいれば、他の師匠や色物さんのファンもいる。そういう方々に挟まって芸を披露するというのは、贔屓や身内しかいない落語会でやるのとはまったく違う、怖い時間だと思いますよ」

でも、その高座を大事にしてほしい。「磨いてきた芸を見てくれ！」という心意気で臨んでもらいたい、と林さんは言う。

「寄席と芸人はお互い様なんですよ。寄席が芸人を育て、芸人は寄席にお客様を連れてくる。芸人は一生が修業ですから、テレビに出ようが映画に出ようが、芝居をやろうが、それこそ何をやってもいい。でも、いつかどこかで、そうやって勉強してきたものを、寄席の高座に持ち帰ってほしいですね」

落語家や色物さんにとって、寄席がアウェイであるはずがない。学んできたものを試すことができる場所。寄席こそが芸人のホームなのだと、寄席の側は考えているのだ。

スタイルは昔のままだが喋ることは今

「とにかく新聞だけは読みなさい、と言っています。世情のアラで飯を食いじゃないけど、世間一般のニュースはきちっと頭に入れて、その上で新しいネタをつくってきてほしい。そういうマクラを振る若手が少ないいんですよ」

別の席亭からは、こんな意見も聞いた。

何か面白いことを言っていればいい、ギャグを盛り込めばいいという風潮があるが、それではダメ。しかし、時事ネタを織り込んだ面白いマクラを導入部にして落語を演じれば、「おっ」と聞き耳を立てる人も増える。そういうセンスを、若いうちに身に付けてほしい、と言う。寄席に来れば、よそへ行って喋りたくなるようなマクラやフレーズが聞けるとなれば、寄席や落語の値打ちはさらに上がる。

このところ時事ネタに強い漫才やコントが、寄席のメンバーに続々と加わっている。せっかく同じ高座に上がっているのだから、そこから学ぶものもあるだろう。他の業種や世代との付き合いを広げたり、流行りものにも目を向けるなど、芸人という立場を生かしながら社会との接点を増やしていくことも大切だ。

寄席も落語も、スタイルは昔のままだが、喋ることは今なのだ。

さらに若手に対して、こんなアドバイスの声もあった。

「小さくまとまるなよ、とそればかり願っています。落語家の人数が多くなってきて、自分の立ち位置が見えにくいのでしょうね。中には不安で、まじめに落語を研究したり勉強するだけが修業だと思い決めてしまうような子もいます。

芸でも何でも、物事を深く掘り下げてみることは大事だけど、その中間に、クルマのハンドルでいえば『遊び』のような余裕がないといけません。まじめなんだけど、ちょっと遊んでいる。逆に遊んでいるときにも、芸を考えている。それが芸人ですよ。落語だけしかない落語学者になっちゃいけません」

そうならないためには、入門する前、寄席で落語を見ながら、どんな師匠を面白いと思っていたのかを、常に思い出すしかない。きっと、落語が巧けりゃそれでいいとは思っていなかったはずだ。

日々試行錯誤できるのが寄席の良さ

せっかくなので、寄席の高座にどんなつもりで臨んできたのかを、芸人を代表してもらう形でお一人に聞いてみた。昭和五四年（一九七九）に桂文治（一〇代目）に入門し、落語芸術協会の中堅として活動する桂小文治だ。

「二ツ目くらいで高座に上がると、お客様が『誰だコイツ？』という目で見る。まるで聞く耳持っていないお客様に、ずいぶん大胆なことも試しました。毎日チャンスはあるから、失敗しても次の出番で取り返せばいい。それができるのが寄席の良さ。ホールの落語会や営業で行った先では、それは許されませんからね。もちろん寄席でも、のべつダメだとお席亭に見限られるので、若手なりに結果は出さないといけないのですけどね」

その二ツ目のころは、太鼓を打つなどの前座の仕事を手伝ったり、何らかの事情で欠員が出たら代わりをつとめる「予備」という制度があり（今は前座の人数が増えて予備の制度は廃止された）、出番がなくても寄席に行く日があった。そんな日には、じゃまにならない場所で師匠や先輩たちの高座にじっと耳を傾けたり、楽屋での師匠方の会話に聞き入っていたという。

楽屋には、芸風も考え方も違う師匠たちが集まっている。たとえば、芸術協会ならば柳昇一門と文治一門とでは、落語や芸についての考え方、指導方法までまったく違う。師匠たちのそんな会話を聞けたことが、寄席の中での役回りや立ち位置、落語家としての生き方を考える上で、手がかりになったという。

「やがてはトリもとりたいし、深い出番もつとめたい。それにはどうすればいいのか。

師匠たちの中には、滑稽な噺だけで押す方もいれば、面白い噺をするけれど、本当に目指したいのは別の路線という方もいる。どれが自分の任に合っているのか、それを決めるのも自分だということを、師匠たちの会話の中から教わりました」

寄席の番組というのは、トリの一席に向けて、盛り上げたり少し鎮めたりしながら流れをつくっていく。客席を引っ掻きまわすような役もいれば、きれいな落語でほど良く鎮める役もいる。誰もが全部の役をこなせるわけではない。毎日違うネタをかけたこともあれば、同じネタをその日そのときの客席に合わせながらちょっとずつ変えて高座にかけ続けたこともある。そうやって試行錯誤しながら、芸の幅を広げ、磨いていった。

今では各席でトリをつとめ、深い時間に上がることも当たり前になっている。日本舞踊で学んだ所作の美しさ、噺の組み立ての確かさが見どころだ。

「笑いながら楽しそうにやってるように見えて、当人はどうやって笑っていただこうかと必死にもがいてるんです。寄席でトリをとったり深い出番をつとめるようになると、今度は責任を伴いますからね」

弟子をとるようになると、自分のことだけでなく、弟子の将来までもが気にかかる。寄席で学んだことを寄席に返す。そして弟子や後輩に伝える。寄席の高座と楽屋は、芸人にとって人生そのものなのだろう。

同じネタを二度、三度聞く面白さ

寄席の落語は、持ち時間が限られているのと、独特の流れもあるので、仲入りやトリでもない限り、重いネタやあまり込み入ったネタはできない。落語のネタの数は、古典落語だけでも五〇〇くらいはあるのだが、手短で笑いの多い明るいネタとなると、じつは数が絞られてくる。

だから、何度か寄席に通うと、どうしても同じネタを聞くことになる。落語協会の番組と落語芸術協会の番組でも、数多く出てくるネタはさほど変わらない。それでイヤになって寄席通いをやめたという人もいるが、早まらなくてもよかったのにと筆者などは感じる。いいじゃないですか、同じ噺を三度も四度も聞くなんて。

落語のネタは「物語」とは違う。同じネタでも演者が変われば、筋の運びも面白味も変わる。登場人物のキャラクターだって違ってくる。稽古をつけてもらった師匠によっても変わるし、当人が工夫して変えたものもある。定番の短い滑稽噺の違いから、落語家のセンスや芸に対するスタンスが見えてきたりもするのだ。

寄席の外で開かれる独演会や名人会では、四〇分、五〇分もかかるような大きなネタを任されることが多い師匠が、寄席では下らない滑稽ネタを楽しそうに演じたりもする。そこもまたかっこいい。

それより何より、寄席は落語だけを聞く場所ではない。

「そう思われると困るんですよ。落語だけだと、疲れる、ツマらないと思い込んでしまう人も少なくない。だけど、曲芸、奇術、独楽廻し、紙切り、物まねがあって、たまに講談も出るとなると、なんか面白そうだなと思いますよね。寄席ってのは、ふだん見られないものを楽しめる大衆劇場でいいと思うんですよ」

こんなことばが、老舗の鈴本演芸場の席亭から出てきたので驚いたのだが、よく考えてみたら、まさにそうなのである。

当たり前の落語を聞いて、色物さんの芸に感心したり笑いながらお目当てを待つなんて、なかなか洒落た時間の過ごし方だと思うのだ。

季節ごとに寄席に遊びに来れば、それぞれの季節にちなんだネタも聞ける。

春には『長屋の花見』、夏には両国の川開きの花火を舞台にした『たがや』、秋には『目黒の秋刀魚』、冬の寒い日には『二番煎じ』や『掛取り』。

いずれも、どうかすると寄席では毎日のように出るネタ。四季の移ろいを落語から感じ取るというのも、やはりどこか洒落ている。音曲の師匠たちも、四季折々の唄を聞かせてくれるだろう。

寄席に来て、そんな楽しみ方が気に入ったならば、ぜひとも裏を返してみてほしい。ちなみに「裏を返す」も、落語にはよく出てくることばである。

嫌なことがあった日には寄席へ

どんなときに寄席に来てほしいですか——と各席で尋ねてみたら、似た答えがお二人から返ってきたので、これにも驚いた。新宿の林取締役と、浅草の松倉社長だ。

林取締役は「忘れられない一件がありましてね」と、自らの体験を語ってくれた。

「終演後、外でお客様をお見送りしていたら、眼を真赤にして涙流しながら出てきた若い女性がいらしたんですよ。ちょっと気になって『ありがとうございます』とお声掛けしたら、『落語の世界ってユートピアですね。与太郎や間抜けな泥棒たちがあんな馬鹿げたことをしても、それを周囲の人たちが受け容れてくれる。私のいる今の会社であんなこと言ったら、ダメな奴の烙印《らくいん》押されて仲間外れにされます。今日は寄席に来て、本当に良かった』と問わず語りに話してくださった。

会社でイヤなことがあって、それでお疲れだったのでしょう。マイナスな気分が高まったようなときに、ちょっと寄ってもらえるといいのかもしれませんね。皆と一緒に笑っているうちに、いくらか肩の荷が下りることもあると思いますよ」

松倉社長は、ご自身と同世代の人々に向けて、こんな思いを抱いている。

「私の高校や大学の同級生くらいの方たちは今、社会の中で、ちょうど厳しい現実と戦っている最中なんですよ。ストレス抱えたり、切羽詰まって思い詰めている方もいらっしゃる。そんなときに一人で悩みを抱え込まずに、騙されたと思って寄席に来てもらいたいですね。

昼から夜まで、年中無休で毎日やってますから、来ようと思えばいつでも開いています。そこで笑ってくれてもいいし、他の方々が楽しんでいる様子を眺めているだけでもいい。こんな下らないことして生きている芸人もいるんだと思ってくれてもいいんです。とにかく皆で同じものを見て笑ったり泣いたりするというのが大事なんですよ。そんなところから立ち直りのきっかけが摑めることもある。思い詰めた人の命を拾うくらいの力は、寄席にはあるんです」

たしかウディ・アレンの映画『世界中がアイ・ラヴ・ユー』の中にも、これに似た場面があった。思い悩んでいる主人公（アレン）が、マルクス兄弟の昔のドタバタ映画を見て、気持を持ち直す。お二人の話を聞いていて、それを思い出した。人は悲しんだり死んだりするために生まれてきたわけではないのだ。

どこまで正しいかはわからないが、笑いが痴呆の予防に役立ち、体内の免疫力を高めて病気の予防にも役立つというデータが、近年、医学界からも盛んに発信されている。その昔、とある寄席で、体が不自由になった奥様を、年老いたご主人が連れてくるというご夫妻をよくお見かけしたが、あれはとてもいい風景だった。少しずつでも良くなってくれたらいいのになあと思いながら眺めていたことを、今、急に思い出した。

池袋の河村支配人にも、面白い提案を聞いた。

「映画や芝居は、始まる時間と終わる時間が決まっていますよね。最初から見ないといけないし、終わりまでいないと見たうちにはいらない。でも寄席は違うんですよ。いつはいってもいいし、いつ出ても構わない。演者の入れ替わりを見計らってサッと立てば、途中で帰ったところで怒る人は誰もいません。昼夜入れ替えなしにやっている日も多いので、時間の許す範囲内で、そうやって気軽に出入りしてほしいですね」

そう、寄席は怖い場所でもないし、不注意で携帯電話の音を鳴らしたくらいで叱りつけられたりするほどのこともない。嫌なことがあった日、ツラいときの避難場所に寄席があるということを、ぜひ記憶しておいてほしい。

五〇年後、一〇〇年後にも寄席を残すために

寄席ということばができて一七〇年、敗戦で寄席が壊滅しかけてから七〇年余。その間、数こそ減ったものの、寄席という文化は絶えることなく生き残ってきた。そのおかげで、落語はもちろん、太神楽曲芸、曲独楽、紙切り、物まね、三味線漫談といった魅力的な芸

能も、現代に伝わってきた。

漫才、コントなどは、恐らく落語の寄席がなくても残っていくだろうが、そのほかの色物芸は常時必要とされる場がなければ、伝承することさえ難しくなるかもしれない。今あるような粋で洒脱な芸は、落語の定席があるからこそ練り上げられてきたのだと思う。

四軒の定席は、いずれも都内きっての交通も至便な繁華街にある。その一方で、不運にも閉じてしまった小屋もあるのだが、これだけ魅力のある大衆娯楽の場なのだ。さらに客足が伸びてくるなら、将来的には数や地域が増えてもいい。今ある定席のどこかが、別の場所に支店を出せるくらいの余裕ができればいいのだが、それにはもう少し時間がかかるかもしれない。

既存の国立演芸場やお江戸日本橋亭、お江戸両国亭などがもっと活用されるようになってもいいし、横浜にぎわい座のように自治体が本腰入れて運営してくれるならば、浦和や大宮、千葉あたりにあってもいいように思う。千葉や埼玉から都心の寄席に通う芸人は、今や決して少なくない。

もちろん箱をつくればいいというわけでもない。寄席は、客を楽しませる場であると同時に、芸人を育て上げる場なのだ。その思いなしに、単に寄席を増やしても意味はない。寄席のワリ（収入）だけでは暮らせないにもかかわらず、芸人が寄席を大事にするというのは、そこを自らの勉強の場、修業の場として見ているからである。学んだこと、受け取った恩を寄席に返したいという思いもあるから、出番を大切にするのだ。

一方で、寄席育ちではない落語家も少なからずいる。その中から、大きな劇場で数十日間の連続公演を開いたり、全国を飛び回って活動する人材が生まれているのは、ご存知の通りだ。十数年前まで寄席らしい場所がなかったにもかかわらず、消滅の危機を乗り越えたばかりか、ファンを増やし、二〇〇人以上の落語家を育ててきた上方落語の例もある。寄席がないというハンデを努力と工夫で補ってきたのだが、その苦労は並大抵のものではなかったはずだ。そうした人たちに刺激を受けたかのように、寄席育ちの芸人からも、劇場公演に積極的に打って出る人材がどんどん現れている。長く低迷していた講談、浪曲にも人材が育ち、光が当たり始めている。

寄席の落語と、大劇場などで開催されるホール落語会とは、目指す方向が違っているから面白いのだ。寄席では聞けないような落語を劇場で聞く、劇場では味わえないような雰囲気を寄席で楽しむ。それが並立しているからこそ、今の落語界は豊かなのだと思う。

強いていえば、この活気のあるうちに、新しい寄席のスターが出てくると面白い。幸いにも寄席に出ている団体の中に、有望な二ツ目が落語にも講談にもいる。大抜擢での真打昇進があると話題性もあり、寄席への興味を一気に掻き立ててくれそうな気がする。

定席に今のままの活気があれば、三〇年後、五〇年後にも、ひょっとしたら一〇〇年後にも、この魅力的な娯楽場の楽しさは伝わってくれるだろう。もちろん五〇年も経てば、寄席の雰囲気や匂いは今とは少し変わっているのだろうが、それも大衆娯楽の宿命だ。現に五〇年前の寄席は、今とは雰囲気やテンポが違っていた。だからこそ、こぼれ落ちていったものを、余一会や劇場で開かれる落語会で聞くという、別の楽しみも生まれてくる。

今の子どもたちが大人になったときに、そんな楽しみが失われないように、一人でも多くの子どもたちに寄席を体験しておいてもらいたい。さらには、少しでも多くの方が劇場での落語会だけではなしに、寄席にも通ってくれるよう願いたい。そして、その日に見た芸人でもいいし、外で見た芸人のことでもいい。

「あの若いの、いいじゃない」

「あのお爺さん、面白いね」

と、寄席のスタッフに伝えてあげてほしい。

小さなことの積み重ねだけが、寄席の未来をつくるのである。

あとがき

寄席は大衆娯楽であり、とびきり明るい笑いの場である。高座で繰り広げられるさまざまな芸を、皆で眺めながら笑っているというのが、妙に心地いい。年を重ねると寄席に戻ってきたくなるというのも、そこに何か温もりのようなものを感じるからなのだろう。人によって、あるいは地域によっては、それが漫才の寄席だったかもしれない。歌舞伎や文楽や大衆演劇がそうだったという人もいるだろう。筆者の場合、それが落語の定席だったというだけの話だ。

幼いころから人が語る物語を聞くのが好きだった。それは親でも叔父や叔母でもよかったし、学校の教師でもよかった。子どもがいると相手も語りやすいというので、親に連れられ、民話や口承文学の収集をするフィールドワークのようなものに駆り出されたこともある。デカい屁のおかげで運を手に入れた女の噺、人を騙しに来たキツネを返り討ちにする噺など、お国訛りのあるお爺ちゃんやお婆ちゃんたちの語りは、本で読む民話や昔話よりもはるかに生き生きとして楽しかった。

そんな親だったから、小学生のころに寄席にも連れていってくれたのだろう。新宿末廣亭や上野の本牧亭で聞いた八代目の林家正蔵や六代目柳亭燕路《りゅうていえんじ》の姿を、よく覚えている。正蔵は後に彦六になった人、燕路は当時、子ども向けの落語の本を書いていた人。お年寄りが表情豊かに滑稽な落語を演じている姿に、何ともいえない身近さを感じたのだ。

そもそも子どもは、どうかすると叱られたり小言をいう両親より、適度に甘やかしてくれる祖父母に気を許したりするものだ。ほかにも大勢出ていたはずなのだが、このお二人の姿が特に印象に残っている。

寄席に行くと面白いお爺ちゃんたちに会える。その感覚を高校、大学のころまで持ち続けていた。実際、五代目の柳家小さん、四代目の春風亭柳好《りゅうこう》、一〇代目の桂文治、五代目の春風亭柳昇……、一九七〇年代後半には面白いお爺ちゃんたちが当たり前のように寄席に出ていた。

社会に出てしばらくしてから、せっかくだから歌舞伎も見てみよう、落語もちゃんと聞いてみようと思い、ようやく落語ファンならば誰もが知るような中堅の大看板や人気者を聞き出した。落語は滑稽なだけじゃない、ピカレスク物語もあれば、人の心のうちを揺さぶるような人情噺もある。聞いたことがあるネタも、端折らずに時間をかけてたっぷり演じると、別の魅力が見えてくる。そんなことがわかるにつれて、これは寄席の落語を聞いて喜んでいる場合じゃないと、ホールなどで開かれる特別な会にも通うようになった。これはこれで、もちろん楽しい。だが、もともとの入口が寄席だったせいか、こればかりが続くと何だかくたびれてくる。そりゃ仕出しの弁当は旨いに決まっているが、定食屋で食うメシもまた旨いのだ。

縁あって三〇代の数年間、インドネシアのジャワ島に伝わるワヤンという影絵芝居を追いかけていた時期もある。夜中、七時間、八時間かけて街や村の特設舞台で上演される、まぎれもない伝統芸能である。大編成のガムラン演奏をバックに、ダランと呼ばれる芸人が人形遣いと語りを一手に引き受けるのだが、その語りの力量・熱量がハンパではない。一方、合間にお遊びのような場面があったり、ゲストとして呼ばれた歌手が唄をうたい、コメディアンがダジャレや物まねを連発して観衆を爆笑させる。見慣れてくるうちに、何となく日本の寄席を思い出した。笑い、涙、怒り、知識が一体になっているからこそ、大衆娯楽は命を宿し、時代が変わっても生き残るのだ。この体験が、寄席という場を客観的に見直す大きなきっかけになった。

寄席は、それと似たことを毎日のように繰り返しているのだ。

色物がはいるからこそ、後に出てくる落語が生きる。寄席に合わせた手短で滑稽な落語のネタも数多くつくられている。笑いや驚きや発見があるから、次に堅い噺、重い噺があっても場が崩れることはない。芸人の側も寄席の出番を大事なものとしてとらえ、雨の日も風の日も休まずに通ってくる。こうして江戸・東京の伝統文化が今もなお伝えられてきているというのは、考えてみれば奇跡的ではないか。

落語そのものは五〇年や一〇〇年後にも廃れることはないだろう。漫才やコントなどもそうだ。しかし、さまざまな芸が寄せ集まった「寄席」はどうだろう。災害などで何か一つ条件が崩れれば、寄席が今のまま残るかどうかはわからない。

寄席にはいろいろなお客さんがいる。小学生くらいの子が、両親や祖父母に連れられて来ていることもある。最初は緊張した面持ちで座っていた子が、次第に高座に引き込まれ、笑い声を上げるようになると、まるで我が事のようにホッとする。きっと半世紀前の自分もそんなふうにして、この独特な娯楽場になじんでいったのだと思う。

こういう幸せな風景を、三〇年後、五〇年後も見続けていたい。少なくとも子どもや孫の世代には伝えたい。それには落語が嫌いではない皆さんが、年に何度か寄席に足を運んでくれればいい。たまに家族や友人を誘ってくれたら、なお結構だ。

本書を執筆するに当たって、さまざまな方にお話をうかがった。鈴本演芸場の鈴木寧席亭、新宿末廣亭の林美也子取締役、浅草演芸ホールの松倉由幸社長、池袋演芸場の河村謙支配人、そして落語芸術協会の桂小文治師匠に、この場を借りて御礼を申し上げたい。

また、寄席についての本であり、初の著作物でもあるので力を貸してほしいという図々しい依頼を引き受けてくださったナイツの塙宣之・土屋伸之先生、春風亭一之輔師匠にも御礼申し上げたい。ことに一之輔師匠にはたいへん貴重なご助言もいただき、感謝の言葉もない。

以前、東海道・山陽新幹線の車内誌『ひととき』で浅草や上野を取材し、紀行記事を書かせてもらった。そのときの記憶や記録が、本書を企画したきっかけである。場を与えてくれた車内誌編集部の方々にも改めて感謝したい。

そして、寄席に行くたびに毎度楽しませてくれた師匠方、色物の先生方にも厚く御礼を申し上げたい。この先、まだ数十年はお世話になると思います。

私事だが、じつは一〇年ほど前、新宿の芸能花伝舎の落語教室に通い、好きな落語を実演するための基本を教わったことがある。人を笑わせることは決して簡単ではない。今はお年寄りの慰問と旅先の余興が専門で、そのたびにマクラで寄席や落語会の面白さを語っているのだが、せめてそれが逆効果になっていないことを祈るばかりだ。

身近なもの、あって当たり前のものほど、なくなるときはあっけない。その昔は個人商店が元気だった商店街に、気付けばありきたりのチェーン店が軒を連ねているというのが、今の東京だ。近所の銭湯や定食屋、喫茶店、文具店や雑貨店。昔からなじんだものが消えるというのは、とにかく寂しい。寄席がそれと同じかどうかはわからないが、すべての街、すべての未来がそうならないようにという願いも込めて、本書を締めくくりたい。

二〇一八年六月吉日　筆者

定席および寄席案内

〈定席〉

鈴本演芸場
台東区上野2-7-12
☎03-3834-5906
昼の部　12：30 ～ 16：30
夜の部　17：30 ～ 20：40
※昼夜入れ替え制。夜の部は未就学児入場不可。仲入り後の割引あり。

新宿末廣亭
新宿区新宿3-6-12
☎03-3351-2974
昼の部　12：00 ～ 16：30
夜の部　17：00 ～ 21：00
※昼夜入れ替えなし。夜の部の割引あり。

浅草演芸ホール
台東区浅草1-43-12
☎03-3841-6545
昼の部　11：40 ～ 16：30
夜の部　16：40 ～ 21：00
※原則的に昼夜入れ替えなし。夜の部の割引あり。

池袋演芸場
豊島区西池袋1-23-1　エルクルーセビル
☎03-3971-4545
上席・中席　12：30 ～ 20：30
※昼夜入れ替えなし。昼の部の終演、夜の部の開演時間が公演ごとに変わります。
下席昼の部　14：00 ～ 17：00
※昼の部のみ。夜は日替わりの特別興行。

〈その他の寄席〉

国立演芸場
千代田区隼町4-1
☎03-3230-3000

お江戸日本橋亭
中央区日本橋本町3-1-6
日本橋永谷ビル1階
☎03-3245-1278

お江戸上野広小路亭
台東区上野1-20-10　上野永谷ビル2階
☎03-3833-1789

お江戸両国亭
墨田区両国4-30-4
両国武蔵野マンション1階
☎03-3833-1789

神田連雀亭
千代田区神田須田町1-17　加藤ビル2階

横浜にぎわい座
神奈川県横浜市中区野毛町3-110-1
☎045-231-2525

東洋館
台東区浅草1-43-12
☎03-3841-6631

木馬亭
台東区浅草2-7-5
☎03-3844-6293

主な参考文献

『「上野」時空遊行　歴史をひもとき、「いま」を楽しむ』浦井正明　プレジデント社　2002年
『江戸娯楽誌』興津要　講談社学術文庫　2005年
『江戸の貧民』塩見鮮一郎　文春新書　2014年
『圓太郎馬車　正岡容寄席小説集』正岡容　河出文庫　2007年
『「大塚鈴本」は燃えていた　元上野鈴本総支配人・伊藤光雄の仕事』渡邊武男　西田書店　1995年
『俺の喉は一声千両　天才浪曲師・桃中軒雲右衛門』岡本和明　新潮社　2014年
『上方落語　寄席囃子の世界』林家染丸　創元社　2011年
『聞書き・寄席末広亭　席主・北村銀太郎述』冨田均　平凡社ライブラリー　2001年
『続　聞書き・寄席末広亭　席主・北村銀太郎述』冨田均　平凡社ライブラリー　2001年
『嬉遊笑覧　一〜五』喜多村筠庭著・長谷川強ほか校訂　岩波文庫　2002〜2009年
『近世風俗志　一〜五』喜田川守貞著・宇佐美英機校訂　岩波文庫　1996 〜 2002年
『現代落語論』立川談志　三一書房　1965年
『巷談　本牧亭』安藤鶴夫　河出文庫　2008年
『古今東西落語家事典』諸芸懇話会＋大阪芸能懇話会編　平凡社　1989年
『史跡江戸の下町　浅草・吉原・向島』小林高寿　新人物往来社　1975年
『小説　圓朝』正岡容　河出文庫　2005年
『正楽三代　寄席紙切り百年』新倉典生　dZERO　2015年
『新版大東京案内』今和次郎編著　ちくま文庫　2001年
『図説　落語の歴史』山本進　河出書房新社　2006年
『戦後落語史』吉川潮　新潮新書　2009年
『東京田園モダン　大正・昭和の郊外を歩く』三浦展　洋泉社　2016年
『東京風俗志』平出鏗二郎　ちくま文庫　2000年
『東都噺家百傑伝　冥土インジャパンの巻』保田武弘　東京かわら版新書　2017年
『長屋歳時記　大江戸庶民明け暮ればなし』榎本滋民　たくみ書房　1982年
『日本の古典芸能　第九巻　寄席』藝能史研究会編　平凡社　1971年
『本牧亭の灯は消えず　席亭・石井英子一代記』石井英子　駸々堂出版　1991年
『寄席切絵図』六代目三遊亭圓生著・山本進編　青蛙房　1977年
『寄席育ち』六代目三遊亭圓生著・山本進編　青蛙房　1965年
『寄席主人覚え書　1 〜 23』鈴木孝一郎談　東京新聞　1957年9月3日〜連載
『寄席の系図』小島貞二　上野鈴本演芸場　1971年
『寄席の人たち　現代寄席人物列伝』秋山真志　集英社　2007年
『寄席百年　橘右近コレクション』橘右近　小学館　1982年
『落語　創刊号〜 37号』　弘文出版　1979 〜 2008年
『落語　笑いの年輪』興津要　講談社学術文庫　2004年
『落語界　創刊号〜第42号』　深川書房　1974 〜 84年
『落語で読み解く「お江戸」の事情』中込重明　青春出版社　2003年
『落語の年輪　江戸・明治編』暉峻康隆　河出文庫　2007年
『落語の年輪　大正・昭和・資料編』暉峻康隆　河出文庫　2007年
『落語名人伝』関山和夫　白水Uブックス　1992年

中村 伸（なかむら・のびる）
1961年東京生まれ。出版社勤務からフリーランスに。編集者、伝記作家。落語は好きで、DVDブック『立川談志全集　よみがえる若き日の名人芸』（NHK出版）や、『談四楼がやってきた！』（音楽出版社）の製作に携わる。ほかに水木しげる著『ゲゲゲの人生　わが道を行く』、ポスターハリスカンパニーの笹目浩之著『ポスターを貼って生きてきた』、金田一秀穂監修『日本のもと　日本語』などを構成・編集。

カバー写真協力＝株式会社森製綿所

本文組版　佐藤裕久

寄席の底ぢから

2018年7月30日　第1刷発行

著者　中村　伸

発行者　林 良二
発行所　株式会社 三賢社
〒113-0021　東京都文京区本駒込4-27-2
電話　03-3824-6422
FAX　03-3824-6410
URL　http://www.sankenbook.co.jp

印刷・製本　中央精版印刷株式会社

ISBN978-4-908655-10-4 C0076